NEKI C. MODI & ALPA A. SH

ONE-SHEET-A-DAY

MATH DRILLS

GRADE 1 SUBTRACTION

200 WORKSHEETS

Universal-Publishers
Irvine * Boca Raton

One-Sheet-A-Day Math Drills:
Grade 1 Subtraction–200 Worksheets

Universal Publishers, Inc,
Irvine, California * Boca Raton, Florida, USA
2017
www.universal-publishers.com

978-1-62734-195-0 (pbk)
978-1-62734-196-7 (ebk)

More info regarding this book available at
www.upublish.com/mathdrills

Publisher's Cataloging-in-Publication Data

Names: Modi, Neki C. | Shah, Alpa A.
Title: One-sheet-a-day math drills: grade 1 subtraction- 200 worksheets / Neki C. Modi, Alpa A. Shah.
Description: Irvine, CA: Universal Publishers, 2017. | Series: One-sheet-a-day math drills, bk. 2.
Identifiers: ISBN 978-1-62734-195-0 (pbk.) | ISBN 978-1-62734-196-7 (ebook)
Subjects: LCSH: Mathematics--Problems, exercises, etc. | Subtraction--Juvenile literature. | First grade
    (Education) | BISAC: JUVENILE NONFICTION / Mathematics / General. | JUVENILE
    NONFICTION / Mathematics / Arithmetic.
Classification: LCC QA115.M63 2017 (print) | LCC QA115 (ebook) | DDC 513.2/11--dc23.

WHY THE "ONE-SHEET-A-DAY" PROGRAM?

The *"One–Sheet-A-Day"* program is an amazingly simple idea that even your child will love because they won't be loaded down with homework. This simple program was created for our own children, and we ALL loved it! For parents who know the value of obtaining good study resources that most children can do on their own, this book is a life saver: 200 days of school, 200 math practice sheets.

It is difficult and time consuming for most parents to make effective math practice sheets, hunt online for free material, or take their kids to a tutor. The *"One-Sheet-A-Day"* program is the answer for always having help on-hand. Geared to follow most math curriculums, most kids can do the appropriate sheet on their own based on what they are learning at school. *"One-Sheet-A-Day"* math practice drills will give your child practice they need to score higher on test day, and build confidence in their math abilities.

Work is far easier when it is part of a routine, especially for kids. The *"One-Sheet-A-Day"* program is an easy routine to start and maintain because it takes less than 20 minutes per day, using basic skills your child already knows. Simply take one sheet from the book, ask your child to complete it in a quiet place, and return it to you to check the answers, a painless routine for you and your child, and instant feedback for both of you.

One day, authors Neki, Alpa and Chintan were talking about options for supporting their children's educational activities at home. The discussion traversed many topics related to all the extra-curricular activities over the past several years they had tried. They realized that each parent had faced the same difficulties in procuring various subjects' drill books for their children to practice with; namely, how difficult it was to find an adequate number of them. Each poured lots of time into hunting down the right, age-appropriate resources by roaming a variety of educational franchises, libraries, online tutoring outlets, and even personal tutors. All this searching was costly and painful in both time and money. They realized that this lack of good resources had caused them to become good at generating drill books for their children at home by themselves.

With almost a decade of teaching experience, Neki and Chintan created this book series to fill the gap in available study aids for their own children. After testing a variety of resources with little success, they decided to combine their professional expertise and come up with a better solution for parents who don't always have time (or patience) to give their child all the personal attention they need. Putting their heads together, they realized that kids go to school for about 200 days a year. From this simple observation was born a brilliant solution: give each child *"One-Sheet-A-Day"* to practice mathematics drills. With this amazingly simple idea, Neki and Alpa prepared this math drill book as a practice tool to share with other parents trying to help their children at home. Now, parents everywhere, can use it to save loads of time and money, and their kids can begin practicing right away.

"ONE-SHEET-A-DAY", Amazingly simple!

TABLE OF CONTENTS

OTHER "ONE-SHEET-A-DAY" MATH DRILLS AVAILABLE

Grade 1 – Addition	**Grade 2** – Addition	**Grade 2** – Subtraction	**Grade 3** – Addition
Grade 3 – Subtraction	**Grade 3** – Multiplication	**Grade 3** – Division,	**Grade 4** – Addition
Grade 4 – Subtraction	**Grade 4** – Multiplication	**Grade 4** – Division	**Grade 5** – Addition
Grade 5 – Subtraction	**Grade 5** – Multiplication	**Grade 5** – Division	**Grade 6** – Addition
Grade 6 – Subtraction	**Grade 6** – Multiplication	**Grade 6** – Division	**Grade 7** – Addition
Grade 7 – Subtraction	**Grade 7** – Multiplication	**Grade 7** – Division	

ONE-SHEET-A-DAY MATH DRILLS
GRADE 1 SUBTRACTION - TWO NUMBERS - MONTH 1

	A	B	C	D
1	9 − 4	7 − 3	8 − 1	5 − 2
2	8 − 4	6 − 3	7 − 5	9 − 2
3	8 − 1	6 − 2	7 − 3	9 − 4
4	5 − 5	7 − 4	6 − 3	9 − 2
5	8 − 3	9 − 1	5 − 5	6 − 2
6	9 − 4	5 − 1	7 − 5	8 − 3
7	5 − 3	7 − 1	6 − 5	9 − 2
8	7 − 2	5 − 1	8 − 5	6 − 4

ONE-SHEET-A-DAY MATH DRILLS
GRADE 1 SUBTRACTION - TWO NUMBERS - MONTH 1

	A	B	C	D
1	9 - 1	6 - 3	8 - 2	7 - 5
2	9 - 1	7 - 4	6 - 3	8 - 2
3	6 - 1	7 - 2	8 - 3	9 - 4
4	6 - 3	5 - 5	8 - 2	7 - 1
5	7 - 5	8 - 2	6 - 1	9 - 4
6	7 - 1	6 - 4	8 - 5	5 - 3
7	5 - 3	8 - 4	7 - 5	6 - 1
8	7 - 1	9 - 4	5 - 5	8 - 2

 TIME TAKEN:_____MIN

ONE-SHEET-A-DAY MATH DRILLS
GRADE 1 SUBTRACTION - TWO NUMBERS - MONTH 1

	A	B	C	D
1	5 − 2	8 − 3	7 − 1	6 − 4
2	8 − 5	7 − 4	5 − 3	6 − 1
3	8 − 4	5 − 2	7 − 3	6 − 5
4	8 − 3	9 − 5	6 − 1	7 − 2
5	8 − 4	7 − 5	5 − 3	6 − 2
6	8 − 3	9 − 1	5 − 5	6 − 2
7	9 − 4	5 − 1	7 − 5	8 − 3
8	5 − 3	7 − 1	6 − 5	9 − 2

ONE-SHEET-A-DAY MATH DRILLS
GRADE 1 SUBTRACTION - TWO NUMBERS - MONTH 1

	A	B	C	D
1	7 − 2	5 − 1	8 − 5	6 − 4
2	9 − 1	6 − 3	8 − 2	7 − 5
3	9 − 1	7 − 4	6 − 3	8 − 2
4	6 − 1	7 − 2	8 − 3	9 − 4
5	6 − 3	5 − 5	8 − 2	7 − 1
6	7 − 5	8 − 2	6 − 1	9 − 4
7	7 − 1	6 − 4	8 − 5	5 − 3
8	5 − 3	8 − 4	7 − 5	6 − 1

ONE-SHEET-A-DAY MATH DRILLS
GRADE 1 SUBTRACTION - TWO NUMBERS - MONTH 1

	A	B	C	D
1	7 - 1	9 - 4	5 - 5	8 - 2
2	5 - 2	8 - 3	7 - 1	6 - 4
3	8 - 5	7 - 4	5 - 3	6 - 1
4	8 - 4	5 - 2	7 - 3	6 - 5
5	8 - 3	9 - 5	6 - 1	7 - 2
6	8 - 4	7 - 5	5 - 3	6 - 2
7	8 - 3	9 - 1	5 - 5	6 - 2
8	9 - 4	5 - 1	7 - 5	8 - 3

ONE-SHEET-A-DAY MATH DRILLS
GRADE 1 SUBTRACTION - TWO NUMBERS - MONTH 1

	A	B	C	D
1	5 − 3	7 − 1	6 − 5	9 − 2
2	7 − 2	5 − 1	8 − 5	6 − 4
3	9 − 1	6 − 3	8 − 2	7 − 5
4	9 − 1	7 − 4	6 − 3	8 − 2
5	6 − 1	7 − 2	8 − 3	9 − 4
6	6 − 3	5 − 5	8 − 2	7 − 1
7	7 − 5	8 − 2	6 − 1	9 − 4
8	7 − 1	6 − 4	8 − 5	5 − 3

ONE-SHEET-A-DAY MATH DRILLS
GRADE 1 SUBTRACTION - TWO NUMBERS - MONTH 1

	A	B	C	D
1	5 − 3	8 − 4	7 − 5	6 − 1
2	7 − 1	9 − 4	5 − 5	8 − 2
3	5 − 2	8 − 3	7 − 1	6 − 4
4	8 − 5	7 − 4	5 − 3	6 − 1
5	8 − 4	5 − 2	7 − 3	6 − 5
6	8 − 3	9 − 5	6 − 1	7 − 2
7	8 − 4	7 − 5	5 − 3	6 − 2
8	8 − 3	9 − 1	5 − 5	6 − 2

ONE-SHEET-A-DAY MATH DRILLS
GRADE 1 SUBTRACTION - TWO NUMBERS - MONTH 1

	A	B	C	D
1	9 − 4	5 − 1	7 − 5	8 − 3
2	5 − 3	7 − 1	6 − 5	9 − 2
3	7 − 2	5 − 1	8 − 5	6 − 4
4	9 − 1	6 − 3	8 − 2	7 − 5
5	9 − 1	7 − 4	6 − 3	8 − 2
6	6 − 1	7 − 2	8 − 3	9 − 4
7	6 − 3	5 − 5	8 − 2	7 − 1
8	7 − 5	8 − 2	6 − 1	9 − 4

SHEET 8 TIME TAKEN:_____MIN

ONE-SHEET-A-DAY MATH DRILLS
GRADE 1 SUBTRACTION - TWO NUMBERS - MONTH 1

	A	B	C	D
1	7 - 1	6 - 4	8 - 5	5 - 3
2	5 - 3	8 - 4	7 - 5	6 - 1
3	7 - 1	9 - 4	5 - 5	8 - 2
4	5 - 2	8 - 3	7 - 1	6 - 4
5	8 - 5	7 - 4	5 - 3	6 - 1
6	8 - 4	5 - 2	7 - 3	6 - 5
7	8 - 3	9 - 5	6 - 1	7 - 2
8	8 - 4	7 - 5	5 - 3	6 - 2

	A	B	C	D
1	8 − 3	9 − 1	5 − 5	6 − 2
2	9 − 4	5 − 1	7 − 5	8 − 3
3	5 − 3	7 − 1	6 − 5	9 − 2
4	7 − 2	5 − 1	8 − 5	6 − 4
5	9 − 1	6 − 3	8 − 2	7 − 5
6	9 − 1	7 − 4	6 − 3	8 − 2
7	6 − 1	7 − 2	8 − 3	9 − 4
8	6 − 3	5 − 5	8 − 2	7 − 1

ONE-SHEET-A-DAY MATH DRILLS
GRADE 1 SUBTRACTION - TWO NUMBERS - MONTH 1

	A	B	C	D
1	5 − 5	9 − 3	8 − 2	6 − 1
2	7 − 5	9 − 4	8 − 2	5 − 3
3	8 − 3	9 − 4	6 − 1	7 − 5
4	6 − 1	8 − 5	7 − 4	9 − 3
5	8 − 5	5 − 2	7 − 1	6 − 3
6	9 − 3	5 − 4	8 − 5	6 − 2
7	9 − 1	5 − 4	6 − 3	8 − 2
8	8 − 6	9 − 4	7 − 2	6 − 5

ONE-SHEET-A-DAY MATH DRILLS
GRADE 1 SUBTRACTION - TWO NUMBERS - MONTH 1

	A	B	C	D
1	9 − 2	8 − 3	6 − 5	7 − 1
2	9 − 2	5 − 1	6 − 4	7 − 5
3	8 − 5	6 − 3	7 − 4	9 − 2
4	9 − 1	7 − 2	6 − 4	8 − 3
5	8 − 4	9 − 5	6 − 2	7 − 1
6	9 − 1	7 − 5	8 − 3	5 − 2
7	7 − 2	6 − 3	9 − 5	8 − 4
8	8 − 2	7 − 5	9 − 1	6 − 4

ONE-SHEET-A-DAY MATH DRILLS
GRADE 1 SUBTRACTION - TWO NUMBERS - MONTH 1

	A	B	C	D
1	9 − 4	7 − 1	8 − 3	5 − 2
2	9 − 5	6 − 3	7 − 2	8 − 1
3	8 − 4	7 − 1	9 − 5	5 − 3
4	6 − 5	9 − 4	7 − 2	8 − 3
5	8 − 3	9 − 4	6 − 1	7 − 5
6	6 − 1	8 − 5	7 − 4	9 − 3
7	8 − 5	5 − 2	7 − 1	6 − 3
8	9 − 6	6 − 1	8 − 3	7 − 5

ONE-SHEET-A-DAY MATH DRILLS
GRADE 1 SUBTRACTION - TWO NUMBERS - MONTH 1

	A	B	C	D
1	5 − 1	8 − 4	7 − 2	9 − 3
2	5 − 3	9 − 4	7 − 5	6 − 1
3	7 − 4	9 − 2	5 − 1	6 − 5
4	8 − 5	6 − 3	7 − 4	9 − 2
5	9 − 1	7 − 2	6 − 4	8 − 3
6	8 − 4	9 − 5	6 − 2	7 − 1
7	9 − 1	7 − 5	8 − 3	5 − 2
8	8 − 6	7 − 4	9 − 3	6 − 5

ONE-SHEET-A-DAY MATH DRILLS
GRADE 1 SUBTRACTION - TWO NUMBERS - MONTH 1

	A	B	C	D
1	8 − 1	7 − 5	9 − 4	6 − 3
2	9 − 4	7 − 1	8 − 3	5 − 2
3	9 − 5	6 − 3	7 − 2	8 − 1
4	8 − 4	7 − 1	9 − 5	5 − 3
5	6 − 5	9 − 4	7 − 2	8 − 3
6	8 − 3	9 − 4	6 − 1	7 − 5
7	6 − 1	8 − 5	7 − 4	9 − 3
8	9 − 5	8 − 4	6 − 3	7 − 6

ONE-SHEET-A-DAY MATH DRILLS
GRADE 1 SUBTRACTION - TWO NUMBERS - MONTH 1

	A	B	C	D
1	5 − 3	7 − 5	9 − 1	6 − 4
2	6 − 5	8 − 2	5 − 4	9 − 1
3	8 − 4	7 − 2	9 − 3	6 − 5
4	7 − 3	6 − 1	8 − 2	9 − 5
5	5 − 2	6 − 1	9 − 4	7 − 5
6	8 − 5	6 − 3	7 − 4	9 − 2
7	9 − 1	7 − 2	6 − 4	8 − 3
8	8 − 2	9 − 6	7 − 4	6 − 3

SHEET 16 TIME TAKEN:_____MIN

ONE-SHEET-A-DAY MATH DRILLS
GRADE 1 SUBTRACTION - TWO NUMBERS - MONTH 1

	A	B	C	D
1	7 − 2	6 − 3	9 − 5	8 − 4
2	8 − 1	7 − 5	9 − 4	6 − 3
3	9 − 4	7 − 1	8 − 3	5 − 2
4	9 − 5	6 − 3	7 − 2	8 − 1
5	8 − 4	7 − 1	9 − 5	5 − 3
6	6 − 5	9 − 4	7 − 2	8 − 3
7	8 − 3	9 − 4	6 − 1	7 − 5
8	7 − 1	8 − 2	9 − 6	6 − 5

ONE-SHEET-A-DAY MATH DRILLS
GRADE 1 SUBTRACTION - TWO NUMBERS - MONTH 1

	A	B	C	D
1	9 − 1	7 − 2	8 − 4	5 − 3
2	6 − 5	9 − 1	5 − 3	7 − 4
3	6 − 5	8 − 2	5 − 4	9 − 1
4	8 − 4	7 − 2	9 − 3	6 − 5
5	7 − 3	6 − 1	8 − 2	9 − 5
6	5 − 2	6 − 1	9 − 4	7 − 5
7	8 − 5	6 − 3	7 − 4	9 − 2
8	9 − 2	7 − 6	8 − 4	6 − 3

ONE-SHEET-A-DAY MATH DRILLS
GRADE 1 SUBTRACTION - TWO NUMBERS - MONTH 1

	A	B	C	D
1	7 − 2	6 − 3	9 − 5	8 − 4
2	8 − 1	7 − 5	9 − 4	6 − 3
3	9 − 4	7 − 1	8 − 3	5 − 2
4	9 − 5	6 − 3	7 − 2	8 − 1
5	8 − 4	7 − 1	9 − 5	5 − 3
6	6 − 5	9 − 4	7 − 2	8 − 3
7	8 − 3	9 − 4	6 − 1	7 − 5
8	7 − 1	8 − 2	9 − 6	6 − 5

ONE-SHEET-A-DAY MATH DRILLS
GRADE 1 SUBTRACTION - TWO NUMBERS - MONTH 1

	A	B	C	D
1	9 − 1	7 − 2	8 − 4	5 − 3
2	6 − 5	9 − 1	5 − 3	7 − 4
3	6 − 5	8 − 2	5 − 4	9 − 1
4	8 − 4	7 − 2	9 − 3	6 − 5
5	7 − 3	6 − 1	8 − 2	9 − 5
6	5 − 2	6 − 1	9 − 4	7 − 5
7	8 − 5	6 − 3	7 − 4	9 − 2
8	9 − 2	7 − 6	8 − 4	6 − 3

ONE-SHEET-A-DAY MATH DRILLS
GRADE 1 SUBTRACTION - TWO NUMBERS - MONTH 1

SHEET 1	A	B	C	D
1	5	4	7	3
2	4	3	2	7
3	7	4	4	5
4	0	3	3	7
5	5	8	0	4
6	5	4	2	5
7	2	6	1	7
8	5	4	3	2
SHEET 2	A	B	C	D
1	8	3	6	2
2	8	3	3	6
3	5	5	5	5
4	3	0	6	6
5	2	6	5	5
6	6	2	3	2
7	2	4	2	5
8	6	5	0	6
SHEET 3	A	B	C	D
1	3	5	6	2
2	3	3	2	5
3	4	3	4	1
4	5	4	5	5
5	4	2	2	4
6	5	8	0	4
7	5	4	2	5
8	2	6	1	7
SHEET 4	A	B	C	D
1	5	4	3	2
2	8	3	6	2
3	8	3	3	6
4	5	5	5	5
5	3	0	6	6
6	2	6	5	5
7	6	2	3	2
8	2	4	2	5

ONE-SHEET-A-DAY MATH DRILLS
GRADE 1 SUBTRACTION - TWO NUMBERS - MONTH 1

SHEET 5	A	B	C	D
1	6	5	0	6
2	3	5	6	2
3	3	3	2	5
4	4	3	4	1
5	5	4	5	5
6	4	2	2	4
7	5	8	0	4
8	5	4	2	5
SHEET 6	A	B	C	D
1	2	6	1	7
2	5	4	3	2
3	8	3	6	2
4	8	3	3	6
5	5	5	5	5
6	3	0	6	6
7	2	6	5	5
8	6	2	3	2
SHEET 7	A	B	C	D
1	2	4	2	5
2	6	5	0	6
3	3	5	6	2
4	3	3	2	5
5	4	3	4	1
6	5	4	5	5
7	4	2	2	4
8	5	8	0	4
SHEET 8	A	B	C	D
1	5	4	2	5
2	2	6	1	7
3	5	4	3	2
4	8	3	6	2
5	8	3	3	6
6	5	5	5	5
7	3	0	6	6
8	2	6	5	5

ONE-SHEET-A-DAY MATH DRILLS
GRADE 1 SUBTRACTION - TWO NUMBERS - MONTH 1

SHEET 9	A	B	C	D
1	6	2	3	2
2	2	4	2	5
3	6	5	0	6
4	3	5	6	2
5	3	3	2	5
6	4	3	4	1
7	5	4	5	5
8	4	2	2	4
SHEET 10	A	B	C	D
1	5	8	0	4
2	5	4	2	5
3	2	6	1	7
4	5	4	3	2
5	8	3	6	2
6	8	3	3	6
7	5	5	5	5
8	3	0	6	6
SHEET 11	A	B	C	D
1	0	6	6	5
2	2	5	6	2
3	5	5	5	2
4	5	3	3	6
5	3	3	6	3
6	6	1	3	4
7	8	1	3	6
8	2	5	5	1
SHEET 12	A	B	C	D
1	7	5	1	6
2	7	4	2	2
3	3	3	3	7
4	8	5	2	5
5	4	4	4	6
6	8	2	5	3
7	5	3	4	4
8	6	2	8	2

ONE-SHEET-A-DAY MATH DRILLS
GRADE 1 SUBTRACTION - TWO NUMBERS - MONTH 1

SHEET 13	A	B	C	D
1	5	6	5	3
2	4	3	5	7
3	4	6	4	2
4	1	5	5	5
5	5	5	5	2
6	5	3	3	6
7	3	3	6	3
8	3	5	5	2
SHEET 14	A	B	C	D
1	4	4	5	6
2	2	5	2	5
3	3	7	4	1
4	3	3	3	7
5	8	5	2	5
6	4	4	4	6
7	8	2	5	3
8	2	3	6	1
SHEET 15	A	B	C	D
1	7	2	5	3
2	5	6	5	3
3	4	3	5	7
4	4	6	4	2
5	1	5	5	5
6	5	5	5	2
7	5	3	3	6
8	4	4	3	1
SHEET 16	A	B	C	D
1	2	2	8	2
2	1	6	1	8
3	4	5	6	1
4	4	5	6	4
5	3	5	5	2
6	3	3	3	7
7	8	5	2	5
8	6	3	3	3

ANSWER KEY 4

ONE-SHEET-A-DAY MATH DRILLS
GRADE 1 SUBTRACTION - TWO NUMBERS - MONTH 1

SHEET 17	A	B	C	D
1	5	3	4	4
2	7	2	5	3
3	5	6	5	3
4	4	3	5	7
5	4	6	4	2
6	1	5	5	5
7	5	5	5	2
8	6	6	3	1
SHEET 18	A	B	C	D
1	8	5	4	2
2	1	8	2	3
3	1	6	1	8
4	4	5	6	1
5	4	5	6	4
6	3	5	5	2
7	3	3	3	7
8	7	1	4	3
SHEET 19	A	B	C	D
1	5	3	4	4
2	7	2	5	3
3	5	6	5	3
4	4	3	5	7
5	4	6	4	2
6	1	5	5	5
7	5	5	5	2
8	6	6	3	1
SHEET 20	A	B	C	D
1	8	5	4	2
2	1	8	2	3
3	1	6	1	8
4	4	5	6	1
5	4	5	6	4
6	3	5	5	2
7	3	3	3	7
8	7	1	4	3

ONE-SHEET-A-DAY MATH DRILLS
GRADE 1 SUBTRACTION - TWO NUMBERS - MONTH 2

	A	B	C	D
1	10 - 4	8 - 6	5 - 1	9 - 5
2	9 - 5	8 - 3	6 - 4	7 - 1
3	9 - 5	8 - 2	10 - 3	7 - 4
4	8 - 5	10 - 4	6 - 1	7 - 3
5	9 - 2	6 - 6	8 - 1	7 - 5
6	9 - 1	7 - 6	8 - 3	10 - 5
7	8 - 6	6 - 1	10 - 4	7 - 5
8	6 - 5	9 - 1	10 - 2	7 - 5

	A	B	C	D
1	5 − 2	8 − 4	7 − 3	10 − 6
2	10 − 4	7 − 5	5 − 2	8 − 3
3	7 − 1	6 − 5	10 − 6	5 − 2
4	7 − 6	6 − 4	9 − 2	5 − 3
5	5 − 4	7 − 3	10 − 5	8 − 1
6	8 − 4	5 − 2	7 − 5	6 − 3
7	8 − 3	9 − 4	10 − 5	6 − 6
8	6 − 6	9 − 1	7 − 3	8 − 2

SHEET 2   TIME TAKEN:_____MIN

	A	B	C	D
1	6 − 3	7 − 2	9 − 5	8 − 6
2	10 − 4	8 − 3	6 − 5	9 − 2
3	6 − 5	9 − 1	10 − 3	5 − 2
4	8 − 1	5 − 2	9 − 2	10 − 4
5	8 − 1	10 − 5	6 − 6	9 − 2
6	7 − 3	6 − 4	9 − 1	8 − 2
7	8 − 6	9 − 4	5 − 1	6 − 5
8	8 − 5	10 − 4	5 − 2	9 − 3

ONE-SHEET-A-DAY MATH DRILLS
GRADE 1 SUBTRACTION - TWO NUMBERS - MONTH 2

	A	B	C	D
1	9 − 5	7 − 4	8 − 6	5 − 3
2	9 − 4	6 − 6	7 − 2	8 − 3
3	9 − 5	8 − 2	5 − 4	7 − 3
4	6 − 5	10 − 3	5 − 4	9 − 6
5	5 − 4	10 − 2	7 − 6	9 − 3
6	10 − 1	5 − 5	8 − 6	9 − 3
7	10 − 1	5 − 4	6 − 3	9 − 6
8	6 − 6	8 − 3	7 − 1	10 − 4

SHEET 4

TIME TAKEN:_____MIN

ONE-SHEET-A-DAY MATH DRILLS
GRADE 1 SUBTRACTION - TWO NUMBERS - MONTH 2

	A	B	C	D
1	8 − 3	9 − 2	6 − 6	7 − 1
2	5 − 3	9 − 2	10 − 5	6 − 1
3	10 − 1	8 − 3	6 − 6	7 − 4
4	10 − 4	7 − 1	9 − 3	5 − 2
5	8 − 4	6 − 5	9 − 6	7 − 2
6	7 − 2	8 − 5	9 − 3	10 − 4
7	10 − 2	5 − 3	7 − 5	6 − 4
8	7 − 6	6 − 4	9 − 2	10 − 5

	A	B	C	D
1	8 − 2	7 − 5	9 − 6	6 − 1
2	9 − 4	5 − 1	7 − 5	6 − 6
3	5 − 4	10 − 6	6 − 2	8 − 5
4	5 − 3	9 − 2	10 − 5	6 − 4
5	7 − 4	8 − 5	5 − 1	6 − 2
6	10 − 4	8 − 6	5 − 1	9 − 5
7	9 − 3	7 − 5	6 − 2	5 − 4
8	7 − 6	10 − 2	9 − 5	8 − 3

ONE-SHEET-A-DAY MATH DRILLS
GRADE 1 SUBTRACTION - TWO NUMBERS - MONTH 2

	A	B	C	D
1	8 - 4	9 - 1	6 - 3	7 - 5
2	5 - 5	8 - 6	7 - 1	6 - 4
3	9 - 6	7 - 1	8 - 2	10 - 4
4	7 - 2	6 - 5	9 - 6	10 - 3
5	9 - 3	5 - 1	8 - 4	7 - 5
6	9 - 2	6 - 4	5 - 1	10 - 3
7	6 - 4	8 - 2	10 - 3	5 - 5
8	9 - 5	7 - 4	5 - 1	8 - 2

	A	B	C	D
1	6 − 1	7 − 4	9 − 6	10 − 2
2	6 − 3	8 − 1	10 − 2	9 − 4
3	6 − 5	6 − 3	7 − 4	10 − 5
4	6 − 1	9 − 2	5 − 4	8 − 5
5	7 − 3	8 − 4	9 − 5	5 − 2
6	5 − 1	9 − 5	7 − 3	10 − 2
7	7 − 2	5 − 4	6 − 3	9 − 5
8	6 − 2	10 − 4	9 − 3	7 − 5

	A	B	C	D
1	7 - 1	5 - 4	9 - 3	10 - 2
2	8 - 3	10 - 6	9 - 1	5 - 4
3	6 - 1	9 - 5	5 - 4	7 - 3
4	6 - 2	7 - 4	5 - 5	8 - 1
5	8 - 4	9 - 6	10 - 5	9 - 1
6	9 - 3	7 - 5	6 - 2	5 - 4
7	7 - 6	10 - 2	9 - 5	8 - 3
8	8 - 4	9 - 1	6 - 3	7 - 5

ONE-SHEET-A-DAY MATH DRILLS
GRADE 1 SUBTRACTION - TWO NUMBERS - MONTH 2

	A	B	C	D
1	5 − 5	8 − 6	7 − 1	6 − 4
2	9 − 6	7 − 1	8 − 2	10 − 4
3	7 − 2	6 − 5	9 − 6	10 − 3
4	9 − 3	8 − 6	8 − 4	7 − 5
5	9 − 2	6 − 4	5 − 1	10 − 3
6	6 − 4	8 − 2	10 − 3	7 − 6
7	9 − 5	7 − 4	5 − 1	8 − 2
8	6 − 1	7 − 4	9 − 6	10 − 2

ONE-SHEET-A-DAY MATH DRILLS
GRADE 1 SUBTRACTION - TWO NUMBERS - MONTH 2

	A	B	C	D
1	7 − 6	6 − 4	11 − 3	8 − 5
2	11 − 7	9 − 1	10 − 4	7 − 6
3	10 − 6	6 − 3	9 − 5	11 − 2
4	7 − 5	8 − 7	6 − 1	11 − 2
5	7 − 4	7 − 6	9 − 6	11 − 3
6	10 − 1	8 − 5	7 − 2	6 − 3
7	8 − 7	11 − 6	10 − 2	9 − 5
8	7 − 6	6 − 1	11 − 7	9 − 4

	A	B	C	D
1	9 − 3	6 − 1	10 − 6	7 − 7
2	11 − 6	6 − 2	8 − 4	9 − 7
3	11 − 3	6 − 1	8 − 6	9 − 2
4	10 − 6	11 − 4	7 − 1	6 − 3
5	11 − 6	8 − 7	10 − 1	7 − 2
6	6 − 6	7 − 2	8 − 3	9 − 7
7	10 − 4	8 − 5	6 − 6	7 − 7
8	7 − 4	8 − 3	11 − 4	7 − 1

ONE-SHEET-A-DAY MATH DRILLS
GRADE 1 SUBTRACTION - TWO NUMBERS - MONTH 2

	A	**B**	**C**	**D**
1	$11 - 6$	$7 - 2$	$6 - 4$	$8 - 5$
2	$7 - 2$	$10 - 1$	$6 - 5$	$11 - 4$
3	$10 - 4$	$9 - 6$	$6 - 1$	$7 - 7$
4	$8 - 6$	$10 - 3$	$11 - 2$	$8 - 2$
5	$6 - 2$	$10 - 3$	$7 - 1$	$11 - 5$
6	$7 - 1$	$11 - 5$	$9 - 3$	$8 - 2$
7	$9 - 7$	$10 - 3$	$8 - 6$	$6 - 2$
8	$6 - 4$	$8 - 7$	$9 - 3$	$7 - 1$

ONE-SHEET-A-DAY MATH DRILLS
GRADE 1 SUBTRACTION - TWO NUMBERS - MONTH 2

	A	B	C	D
1	7 − 2	8 − 1	11 − 6	6 − 3
2	10 − 3	7 − 5	6 − 2	11 − 4
3	9 − 1	10 − 6	6 − 4	7 − 7
4	9 − 5	11 − 3	6 − 1	8 − 2
5	9 − 4	8 − 7	11 − 6	10 − 2
6	10 − 1	7 − 4	6 − 6	11 − 7
7	6 − 3	9 − 1	10 − 6	7 − 7
8	11 − 6	6 − 2	8 − 4	9 − 7

ONE-SHEET-A-DAY MATH DRILLS
GRADE 1 SUBTRACTION - TWO NUMBERS - MONTH 2

	A	B	C	D
1	11 − 3	6 − 1	8 − 6	9 − 2
2	10 − 6	11 − 4	7 − 1	6 − 3
3	11 − 6	8 − 7	10 − 1	7 − 2
4	6 − 6	7 − 2	8 − 3	9 − 7
5	10 − 4	8 − 5	6 − 6	7 − 7
6	6 − 4	8 − 3	11 − 4	7 − 1
7	11 − 6	7 − 2	6 − 4	8 − 5
8	7 − 2	10 − 1	6 − 5	11 − 4

ONE-SHEET-A-DAY MATH DRILLS
GRADE 1 SUBTRACTION - TWO NUMBERS - MONTH 2

	A	B	C	D
1	10 − 4	9 − 6	6 − 1	7 − 7
2	8 − 6	10 − 3	11 − 2	6 − 5
3	6 − 2	10 − 3	7 − 1	11 − 5
4	7 − 1	11 − 5	9 − 3	8 − 2
5	9 − 7	10 − 3	8 − 6	6 − 2
6	6 − 4	8 − 7	9 − 3	7 − 1
7	7 − 2	8 − 1	11 − 6	6 − 3
8	10 − 3	7 − 5	6 − 2	11 − 4

ONE-SHEET-A-DAY MATH DRILLS
GRADE 1 SUBTRACTION - TWO NUMBERS - MONTH 2

	A	B	C	D
1	9 − 1	10 − 6	6 − 4	7 − 7
2	9 − 5	11 − 3	6 − 1	8 − 2
3	9 − 4	8 − 7	11 − 6	10 − 2
4	10 − 1	7 − 4	6 − 6	11 − 7
5	6 − 3	9 − 1	10 − 6	7 − 7
6	11 − 6	6 − 2	8 − 4	9 − 7
7	11 − 3	6 − 1	8 − 6	9 − 2
8	10 − 6	11 − 4	7 − 1	6 − 3

	A	B	C	D
1	11 − 6	8 − 7	10 − 1	7 − 2
2	6 − 6	7 − 2	8 − 3	9 − 7
3	10 − 4	8 − 5	6 − 6	7 − 7
4	7 − 2	8 − 3	11 − 4	7 − 1
5	11 − 6	7 − 2	6 − 4	8 − 5
6	7 − 2	10 − 1	6 − 5	11 − 4
7	10 − 4	9 − 6	6 − 1	7 − 7
8	8 − 6	10 − 3	11 − 2	6 − 7

ONE-SHEET-A-DAY MATH DRILLS
GRADE 1 SUBTRACTION - TWO NUMBERS - MONTH 2

	A	B	C	D
1	6 − 2	10 − 3	7 − 1	11 − 5
2	7 − 1	11 − 5	9 − 3	8 − 2
3	9 − 7	10 − 3	8 − 6	6 − 2
4	6 − 4	8 − 7	9 − 3	7 − 1
5	7 − 2	8 − 1	11 − 6	6 − 3
6	10 − 3	7 − 5	6 − 2	11 − 4
7	9 − 1	10 − 6	6 − 4	7 − 7
8	9 − 5	11 − 3	6 − 1	8 − 2

ONE-SHEET-A-DAY MATH DRILLS
GRADE 1 SUBTRACTION - TWO NUMBERS - MONTH 2

	A	B	C	D
1	9 − 4	8 − 7	11 − 6	10 − 2
2	10 − 1	7 − 4	6 − 6	11 − 7
3	6 − 3	9 − 1	10 − 6	7 − 7
4	11 − 6	6 − 2	8 − 4	9 − 7
5	11 − 3	6 − 1	8 − 6	9 − 2
6	10 − 6	11 − 4	7 − 1	6 − 3
7	11 − 6	8 − 7	10 − 1	7 − 2
8	6 − 6	7 − 2	8 − 3	9 − 7

Universal-Publishers.com - For personal use only.

ONE-SHEET-A-DAY MATH DRILLS
GRADE 1 SUBTRACTION - TWO NUMBERS - MONTH 2

SHEET 1	A	B	C	D
1	6	2	4	4
2	4	5	2	6
3	4	6	7	3
4	3	6	5	4
5	7	0	7	2
6	8	1	5	5
7	2	5	6	2
8	1	8	8	2
SHEET 2	A	B	C	D
1	3	4	4	4
2	6	2	3	5
3	6	1	4	3
4	1	2	7	2
5	1	4	5	7
6	4	3	2	3
7	5	5	5	0
8	0	8	4	6
SHEET 3	A	B	C	D
1	3	5	4	2
2	6	5	1	7
3	1	8	7	3
4	7	3	7	6
5	7	5	0	7
6	4	2	8	6
7	2	5	4	1
8	3	6	3	6
SHEET 4	A	B	C	D
1	4	3	2	2
2	5	0	5	5
3	4	6	1	4
4	1	7	1	3
5	1	8	1	6
6	9	0	2	6
7	9	1	3	3
8	0	5	6	6

ONE-SHEET-A-DAY MATH DRILLS
GRADE 1 SUBTRACTION - TWO NUMBERS - MONTH 2

SHEET 5	A	B	C	D
1	5	7	0	6
2	2	7	5	5
3	9	5	0	3
4	6	6	6	3
5	4	1	3	5
6	5	3	6	6
7	8	2	2	2
8	1	2	7	5
SHEET 6	A	B	C	D
1	6	2	3	5
2	5	4	2	0
3	1	4	4	3
4	2	7	5	2
5	3	3	4	4
6	6	2	4	4
7	6	2	4	1
8	1	8	4	5
SHEET 7	A	B	C	D
1	4	8	3	2
2	0	2	6	2
3	3	6	6	6
4	5	1	3	7
5	6	4	4	2
6	7	2	4	7
7	2	6	7	0
8	4	3	4	6
SHEET 8	A	B	C	D
1	5	3	3	8
2	3	7	8	5
3	1	3	3	5
4	5	7	1	3
5	4	4	4	3
6	4	4	4	8
7	5	1	3	4
8	4	6	6	2

ONE-SHEET-A-DAY MATH DRILLS
GRADE 1 SUBTRACTION - TWO NUMBERS - MONTH 2

SHEET 9	A	B	C	D
1	6	1	6	8
2	5	4	8	1
3	5	4	1	4
4	4	3	0	7
5	4	3	5	8
6	6	2	4	1
7	1	8	4	5
8	4	8	3	2
SHEET 10	A	B	C	D
1	0	2	6	2
2	3	6	6	6
3	5	1	3	7
4	6	2	4	2
5	7	2	4	7
6	2	6	7	1
7	4	3	4	6
8	5	3	3	8
SHEET 11	A	B	C	D
1	1	2	8	3
2	4	8	6	1
3	4	3	4	9
4	2	1	5	9
5	3	1	3	8
6	9	3	5	3
7	1	5	8	4
8	1	5	4	5
SHEET 12	A	B	C	D
1	6	5	4	0
2	5	4	4	2
3	8	5	2	7
4	4	7	6	3
5	5	1	9	5
6	0	5	5	2
7	6	3	0	0
8	3	5	7	6

ONE-SHEET-A-DAY MATH DRILLS
GRADE 1 SUBTRACTION - TWO NUMBERS - MONTH 2

SHEET 13	A	B	C	D
1	5	5	2	3
2	5	9	1	7
3	6	3	5	0
4	2	7	9	6
5	4	7	6	6
6	6	6	6	6
7	2	7	2	4
8	2	1	6	6
SHEET 14	A	B	C	D
1	5	7	5	3
2	7	2	4	7
3	8	4	2	0
4	4	8	5	6
5	5	1	5	8
6	9	3	0	4
7	3	8	4	0
8	5	4	4	2
SHEET 15	A	B	C	D
1	8	5	2	7
2	4	7	6	3
3	5	1	9	5
4	0	5	5	2
5	6	3	0	0
6	2	5	7	6
7	5	5	2	3
8	5	9	1	7
SHEET 16	A	B	C	D
1	6	3	5	0
2	2	7	9	1
3	4	7	6	6
4	6	6	6	6
5	2	7	2	4
6	2	1	6	6
7	5	7	5	3
8	7	2	4	7

ONE-SHEET-A-DAY MATH DRILLS
GRADE 1 SUBTRACTION - TWO NUMBERS - MONTH 2

SHEET 17	A	B	C	D
1	8	4	2	0
2	4	8	5	6
3	5	1	5	8
4	9	3	0	4
5	3	8	4	0
6	5	4	4	2
7	8	5	2	7
8	4	7	6	3
SHEET 18	A	B	C	D
1	5	1	9	5
2	0	5	5	2
3	6	3	0	0
4	5	5	7	6
5	5	5	2	3
6	5	9	1	7
7	6	3	5	0
8	2	7	9	-1
SHEET 19	A	B	C	D
1	4	7	6	6
2	6	6	6	6
3	2	7	2	4
4	2	1	6	6
5	5	7	5	3
6	7	2	4	7
7	8	4	2	0
8	4	8	5	6
SHEET 20	A	B	C	D
1	5	1	5	8
2	9	3	0	4
3	3	8	4	0
4	5	4	4	2
5	8	5	2	7
6	4	7	6	3
7	5	1	9	5
8	0	5	5	2

ONE-SHEET-A-DAY MATH DRILLS
GRADE 1 SUBTRACTION - TWO NUMBERS - MONTH 3

	A	B	C	D
1	6 - 2	5 - 3	11 - 4	7 - 5
2	8 - 3	10 - 2	12 - 7	11 - 5
3	5 - 4	9 - 2	10 - 5	12 - 3
4	7 - 4	5 - 2	6 - 3	10 - 5
5	8 - 4	7 - 3	5 - 2	11 - 5
6	6 - 4	9 - 6	8 - 5	12 - 2
7	11 - 6	6 - 2	10 - 4	8 - 5
8	9 - 3	5 - 5	7 - 4	12 - 2

ONE-SHEET-A-DAY MATH DRILLS
GRADE 1 SUBTRACTION - TWO NUMBERS - MONTH 3

	A	B	C	D
1	11 − 4	8 − 6	9 − 2	10 − 7
2	5 − 5	12 − 2	8 − 4	9 − 3
3	7 − 5	6 − 6	10 − 2	8 − 4
4	12 − 3	7 − 7	9 − 4	11 − 6
5	6 − 2	8 − 4	12 − 5	9 − 6
6	11 − 4	7 − 3	5 − 2	12 − 5
7	8 − 2	10 − 7	11 − 3	7 − 5
8	5 − 4	9 − 2	10 − 5	12 − 3

ONE-SHEET-A-DAY MATH DRILLS
GRADE 1 SUBTRACTION - TWO NUMBERS - MONTH 3

	A	B	C	D
1	7 − 4	5 − 2	6 − 3	10 − 5
2	8 − 4	7 − 3	5 − 2	11 − 5
3	6 − 4	9 − 6	8 − 5	12 − 2
4	11 − 6	6 − 2	10 − 4	8 − 5
5	9 − 3	5 − 5	7 − 4	12 − 2
6	11 − 4	8 − 6	9 − 2	10 − 7
7	5 − 5	12 − 2	8 − 4	9 − 3
8	7 − 5	6 − 6	10 − 2	8 − 4

ONE-SHEET-A-DAY MATH DRILLS
GRADE 1 SUBTRACTION - TWO NUMBERS - MONTH 3

	A	B	C	D
1	12 - 3	7 - 7	9 - 4	11 - 6
2	6 - 2	8 - 4	12 - 5	9 - 6
3	11 - 4	7 - 3	5 - 2	12 - 5
4	8 - 2	10 - 7	11 - 3	7 - 5
5	5 - 4	9 - 2	10 - 5	12 - 3
6	7 - 4	5 - 2	6 - 3	10 - 5
7	8 - 4	7 - 3	5 - 2	11 - 5
8	6 - 4	9 - 6	8 - 5	12 - 2

SHEET 4 TIME TAKEN:_____MIN

	A	B	C	D
1	11 − 6	6 − 2	10 − 4	8 − 5
2	9 − 3	5 − 5	7 − 4	12 − 2
3	11 − 4	8 − 6	9 − 2	10 − 7
4	5 − 5	12 − 2	8 − 4	9 − 3
5	7 − 5	6 − 6	10 − 2	8 − 4
6	12 − 3	7 − 7	9 − 4	11 − 6
7	6 − 2	8 − 4	12 − 5	9 − 6
8	11 − 4	7 − 3	5 − 2	12 − 5

ONE-SHEET-A-DAY MATH DRILLS
GRADE 1 SUBTRACTION - TWO NUMBERS - MONTH 3

	A	B	C	D
1	8 − 2	10 − 7	11 − 3	7 − 5
2	5 − 4	9 − 2	10 − 5	12 − 3
3	7 − 4	5 − 2	6 − 3	10 − 5
4	8 − 4	7 − 3	5 − 2	11 − 5
5	6 − 4	9 − 6	8 − 5	12 − 2
6	11 − 6	6 − 2	10 − 4	8 − 5
7	9 − 3	5 − 5	7 − 4	12 − 2
8	11 − 4	8 − 6	9 − 2	10 − 7

ONE-SHEET-A-DAY MATH DRILLS
GRADE 1 SUBTRACTION - TWO NUMBERS - MONTH 3

	A	B	C	D
1	5 − 5	12 − 2	8 − 4	9 − 3
2	7 − 5	6 − 6	10 − 2	8 − 4
3	12 − 3	7 − 7	9 − 4	11 − 6
4	6 − 2	8 − 4	12 − 5	9 − 6
5	11 − 4	7 − 3	5 − 2	12 − 5
6	8 − 2	10 − 7	11 − 3	7 − 5
7	5 − 4	9 − 2	10 − 5	12 − 3
8	7 − 4	5 − 2	6 − 3	10 − 5

	A	B	C	D
1	8 − 4	7 − 3	5 − 2	11 − 5
2	6 − 4	9 − 6	8 − 5	12 − 2
3	11 − 6	6 − 2	10 − 4	8 − 5
4	9 − 3	5 − 5	7 − 4	12 − 2
5	11 − 4	8 − 6	9 − 2	10 − 7
6	5 − 5	12 − 2	8 − 4	9 − 3
7	7 − 5	6 − 6	10 − 2	8 − 4
8	12 − 3	7 − 7	9 − 4	11 − 6

SHEET 8   TIME TAKEN:_____MIN

ONE-SHEET-A-DAY MATH DRILLS
GRADE 1 SUBTRACTION - TWO NUMBERS - MONTH 3

	A	B	C	D
1	6 − 2	8 − 4	12 − 5	9 − 6
2	11 − 4	7 − 3	5 − 2	12 − 5
3	8 − 2	10 − 7	11 − 3	7 − 5
4	5 − 4	9 − 2	10 − 5	12 − 3
5	7 − 4	5 − 2	6 − 3	10 − 5
6	8 − 4	7 − 3	5 − 2	11 − 5
7	6 − 4	9 − 6	8 − 5	12 − 2
8	11 − 6	6 − 2	10 − 4	8 − 5

ONE-SHEET-A-DAY MATH DRILLS
GRADE 1 SUBTRACTION - TWO NUMBERS - MONTH 3

	A	B	C	D
1	9 − 3	5 − 5	7 − 4	12 − 2
2	11 − 4	8 − 6	9 − 2	10 − 7
3	5 − 5	12 − 2	8 − 4	9 − 3
4	7 − 5	6 − 6	10 − 2	8 − 4
5	12 − 3	7 − 7	9 − 4	11 − 6
6	6 − 2	8 − 4	12 − 5	9 − 6
7	11 − 4	7 − 3	5 − 2	12 − 5
8	8 − 2	10 − 7	11 − 3	7 − 5

ONE-SHEET-A-DAY MATH DRILLS
GRADE 1 SUBTRACTION - TWO NUMBERS - MONTH 3

	A	B	C	D
1	7 − 3	6 − 5	12 − 6	8 − 4
2	13 − 6	7 − 7	10 − 3	9 − 5
3	11 − 6	13 − 3	12 − 5	8 − 7
4	9 − 3	6 − 6	7 − 4	13 − 5
5	10 − 4	9 − 3	11 − 6	6 − 5
6	13 − 6	8 − 7	12 − 3	11 − 5
7	10 − 5	7 − 6	6 − 3	8 − 4
8	13 − 3	9 − 7	10 − 5	7 − 6

ONE-SHEET-A-DAY MATH DRILLS
GRADE 1 SUBTRACTION - TWO NUMBERS - MONTH 3

	A	B	C	D
1	12 − 3	11 − 6	8 − 5	6 − 4
2	10 − 6	9 − 5	11 − 7	13 − 8
3	7 − 6	6 − 3	10 − 5	11 − 4
4	13 − 4	8 − 5	12 − 7	7 − 3
5	6 − 3	9 − 6	10 − 4	13 − 5
6	7 − 3	6 − 5	12 − 6	8 − 4
7	13 − 6	7 − 7	10 − 3	9 − 5
8	11 − 6	13 − 3	12 − 5	8 − 7

 TIME TAKEN:_____MIN

ONE-SHEET-A-DAY MATH DRILLS
GRADE 1 SUBTRACTION - TWO NUMBERS - MONTH 3

	A	B	C	D
1	9 − 3	6 − 6	7 − 4	13 − 5
2	10 − 4	9 − 3	11 − 6	6 − 5
3	13 − 6	8 − 7	12 − 3	11 − 5
4	10 − 5	7 − 6	6 − 3	8 − 4
5	13 − 3	9 − 7	10 − 5	7 − 6
6	12 − 3	11 − 6	8 − 5	6 − 4
7	10 − 6	9 − 5	11 − 7	13 − 8
8	7 − 6	6 − 3	10 − 5	11 − 4

Universal-Publishers.com - For personal use only.

ONE-SHEET-A-DAY MATH DRILLS
GRADE 1 SUBTRACTION - TWO NUMBERS - MONTH 3

	A	B	C	D
1	13 - 4	8 - 5	12 - 7	7 - 3
2	6 - 3	9 - 6	10 - 4	13 - 5
3	7 - 3	6 - 5	12 - 6	8 - 4
4	13 - 6	7 - 7	10 - 3	9 - 5
5	11 - 6	13 - 3	12 - 5	8 - 7
6	9 - 3	6 - 6	7 - 4	13 - 5
7	10 - 4	9 - 3	11 - 6	6 - 5
8	13 - 6	8 - 7	12 - 3	11 - 5

	A	B	C	D
1	10 − 5	7 − 6	6 − 3	8 − 4
2	13 − 3	9 − 7	10 − 5	7 − 6
3	12 − 3	11 − 6	8 − 5	6 − 4
4	10 − 6	9 − 5	11 − 7	13 − 8
5	7 − 6	6 − 3	10 − 5	11 − 4
6	13 − 4	8 − 5	12 − 7	7 − 3
7	6 − 3	9 − 6	10 − 4	13 − 5
8	7 − 3	6 − 5	12 − 6	8 − 4

	A	B	C	D
1	13 − 6	7 − 7	10 − 3	9 − 5
2	11 − 6	13 − 3	12 − 5	8 − 7
3	9 − 3	6 − 6	7 − 4	13 − 5
4	10 − 4	9 − 3	11 − 6	6 − 5
5	13 − 6	8 − 7	12 − 3	11 − 5
6	10 − 5	7 − 6	6 − 3	8 − 4
7	13 − 3	9 − 7	10 − 5	7 − 6
8	12 − 3	11 − 6	8 − 5	6 − 4

ONE-SHEET-A-DAY MATH DRILLS
GRADE 1 SUBTRACTION - TWO NUMBERS - MONTH 3

	A	B	C	D
1	10 − 6	9 − 5	11 − 7	13 − 8
2	7 − 6	6 − 3	10 − 5	11 − 4
3	13 − 4	8 − 5	12 − 7	7 − 3
4	6 − 3	9 − 6	10 − 4	13 − 5
5	7 − 3	6 − 5	12 − 6	8 − 4
6	13 − 6	7 − 7	10 − 3	9 − 5
7	11 − 6	13 − 3	12 − 5	8 − 7
8	9 − 3	6 − 6	7 − 4	13 − 5

ONE-SHEET-A-DAY MATH DRILLS
GRADE 1 SUBTRACTION - TWO NUMBERS - MONTH 3

	A	B	C	D
1	10 − 4	9 − 3	11 − 6	6 − 5
2	13 − 6	8 − 7	12 − 3	11 − 5
3	10 − 5	7 − 6	6 − 3	8 − 4
4	13 − 3	9 − 7	10 − 5	7 − 6
5	12 − 3	11 − 6	8 − 5	6 − 4
6	10 − 6	9 − 5	11 − 7	13 − 8
7	7 − 6	6 − 3	10 − 5	11 − 4
8	13 − 4	8 − 5	12 − 7	7 − 3

	A	B	C	D
1	6 − 3	9 − 6	10 − 4	13 − 5
2	7 − 3	6 − 5	12 − 6	8 − 4
3	13 − 6	7 − 7	10 − 3	9 − 5
4	11 − 6	13 − 3	12 − 5	8 − 7
5	9 − 3	6 − 6	7 − 4	13 − 5
6	10 − 4	9 − 3	11 − 6	6 − 5
7	13 − 6	8 − 7	12 − 3	11 − 5
8	10 − 5	7 − 6	6 − 3	8 − 4

	A	B	C	D
1	13 - 3	9 - 7	10 - 5	7 - 6
2	12 - 3	11 - 6	8 - 5	6 - 4
3	10 - 6	9 - 5	11 - 7	13 - 8
4	7 - 6	6 - 3	10 - 5	11 - 4
5	13 - 4	8 - 5	12 - 7	7 - 3
6	6 - 3	9 - 6	10 - 4	13 - 5
7	7 - 3	6 - 5	12 - 6	8 - 4
8	13 - 6	7 - 7	10 - 3	9 - 5

ONE-SHEET-A-DAY MATH DRILLS
GRADE 1 SUBTRACTION - TWO NUMBERS - MONTH 3

SHEET 1	A	B	C	D
1	4	2	7	2
2	5	8	5	6
3	1	7	5	9
4	3	3	3	5
5	4	4	3	6
6	2	3	3	10
7	5	4	6	3
8	6	0	3	10
SHEET 2	A	B	C	D
1	7	2	7	3
2	0	10	4	6
3	2	0	8	4
4	9	0	5	5
5	4	4	7	3
6	7	4	3	7
7	6	3	8	2
8	1	7	5	9
SHEET 3	A	B	C	D
1	3	3	3	5
2	4	4	3	6
3	2	3	3	10
4	5	4	6	3
5	6	0	3	10
6	7	2	7	3
7	0	10	4	6
8	2	0	8	4
SHEET 4	A	B	C	D
1	9	0	5	5
2	4	4	7	3
3	7	4	3	7
4	6	3	8	2
5	1	7	5	9
6	3	3	3	5
7	4	4	3	6
8	2	3	3	10

SHEET 5	A	B	C	D
1	5	4	6	3
2	6	0	3	10
3	7	2	7	3
4	0	10	4	6
5	2	0	8	4
6	9	0	5	5
7	4	4	7	3
8	7	4	3	7
SHEET 6	A	B	C	D
1	6	3	8	2
2	1	7	5	9
3	3	3	3	5
4	4	4	3	6
5	2	3	3	10
6	5	4	6	3
7	6	0	3	10
8	7	2	7	3
SHEET 7	A	B	C	D
1	0	10	4	6
2	2	0	8	4
3	9	0	5	5
4	4	4	7	3
5	7	4	3	7
6	6	3	8	2
7	1	7	5	9
8	3	3	3	5
SHEET 8	A	B	C	D
1	4	4	3	6
2	2	3	3	10
3	5	4	6	3
4	6	0	3	10
5	7	2	7	3
6	0	10	4	6
7	2	0	8	4
8	9	0	5	5

ONE-SHEET-A-DAY MATH DRILLS
GRADE 1 SUBTRACTION - TWO NUMBERS - MONTH 3

SHEET 9	A	B	C	D
1	4	4	7	3
2	7	4	3	7
3	6	3	8	2
4	1	7	5	9
5	3	3	3	5
6	4	4	3	6
7	2	3	3	10
8	5	4	6	3
SHEET 10	A	B	C	D
1	6	0	3	10
2	7	2	7	3
3	0	10	4	6
4	2	0	8	4
5	9	0	5	5
6	4	4	7	3
7	7	4	3	7
8	6	3	8	2
SHEET 11	A	B	C	D
1	4	1	6	4
2	7	0	7	4
3	5	10	7	1
4	6	0	3	8
5	6	6	5	1
6	7	1	9	6
7	5	1	3	4
8	10	2	5	1
SHEET 12	A	B	C	D
1	9	5	3	2
2	4	4	4	5
3	1	3	5	7
4	9	3	5	4
5	3	3	6	8
6	4	1	6	4
7	7	0	7	4
8	5	10	7	1

ONE-SHEET-A-DAY MATH DRILLS
GRADE 1 SUBTRACTION - TWO NUMBERS - MONTH 3

SHEET 13	A	B	C	D
1	6	0	3	8
2	6	6	5	1
3	7	1	9	6
4	5	1	3	4
5	10	2	5	1
6	9	5	3	2
7	4	4	4	5
8	1	3	5	7
SHEET 14	A	B	C	D
1	9	3	5	4
2	3	3	6	8
3	4	1	6	4
4	7	0	7	4
5	5	10	7	1
6	6	0	3	8
7	6	6	5	1
8	7	1	9	6
SHEET 15	A	B	C	D
1	5	1	3	4
2	10	2	5	1
3	9	5	3	2
4	4	4	4	5
5	1	3	5	7
6	9	3	5	4
7	3	3	6	8
8	4	1	6	4
SHEET 16	A	B	C	D
1	7	0	7	4
2	5	10	7	1
3	6	0	3	8
4	6	6	5	1
5	7	1	9	6
6	5	1	3	4
7	10	2	5	1
8	9	5	3	2

ANSWER KEY 4

ONE-SHEET-A-DAY MATH DRILLS
GRADE 1 SUBTRACTION - TWO NUMBERS - MONTH 3

SHEET 17	A	B	C	D
1	4	4	4	5
2	1	3	5	7
3	9	3	5	4
4	3	3	6	8
5	4	1	6	4
6	7	0	7	4
7	5	10	7	1
8	6	0	3	8
SHEET 18	A	B	C	D
1	6	6	5	1
2	7	1	9	6
3	5	1	3	4
4	10	2	5	1
5	9	5	3	2
6	4	4	4	5
7	1	3	5	7
8	9	3	5	4
SHEET 19	A	B	C	D
1	3	3	6	8
2	4	1	6	4
3	7	0	7	4
4	5	10	7	1
5	6	0	3	8
6	6	6	5	1
7	7	1	9	6
8	5	1	3	4
SHEET 20	A	B	C	D
1	10	2	5	1
2	9	5	3	2
3	4	4	4	5
4	1	3	5	7
5	9	3	5	4
6	3	3	6	8
7	4	1	6	4
8	7	0	7	4

	A	B	C	D
1	5 - 2	14 - 3	12 - 5	6 - 4
2	13 - 7	10 - 6	11 - 1	14 - 4
3	8 - 3	9 - 5	12 - 2	5 - 1
4	6 - 4	7 - 1	14 - 6	13 - 3
5	5 - 5	9 - 2	6 - 1	8 - 4
6	14 - 3	7 - 2	5 - 5	9 - 4
7	12 - 5	8 - 2	11 - 6	6 - 4
8	9 - 3	10 - 4	5 - 1	7 - 5

	A	B	C	D
1	12 − 4	14 − 8	10 − 2	13 − 7
2	8 − 6	9 − 7	12 − 3	10 − 5
3	13 − 8	14 − 5	9 − 6	8 − 2
4	5 − 5	11 − 3	10 − 4	9 − 2
5	13 − 4	7 − 7	11 − 6	10 − 1
6	5 − 1	6 − 2	8 − 3	11 − 4
7	14 − 6	13 − 4	10 − 7	7 − 1
8	12 − 1	8 − 2	5 − 3	14 − 5

	A	B	C	D
1	13 − 6	10 − 1	11 − 4	6 − 3
2	9 − 2	12 − 5	5 − 3	11 − 1
3	6 − 4	7 − 1	14 − 6	13 − 3
4	5 − 5	9 − 2	6 − 1	8 − 4
5	14 − 3	7 − 2	5 − 5	9 − 4
6	12 − 5	8 − 2	11 − 6	6 − 4
7	9 − 3	10 − 4	5 − 1	7 − 5
8	12 − 4	14 − 8	10 − 2	13 − 7

ONE-SHEET-A-DAY MATH DRILLS
GRADE 1 SUBTRACTION - TWO NUMBERS - MONTH 4

	A	B	C	D
1	8 − 6	9 − 7	12 − 3	10 − 5
2	13 − 8	14 − 5	9 − 6	8 − 2
3	5 − 5	11 − 3	10 − 4	9 − 2
4	13 − 4	7 − 7	11 − 6	10 − 1
5	5 − 1	6 − 2	8 − 3	11 − 4
6	14 − 6	13 − 4	10 − 7	7 − 1
7	12 − 1	8 − 2	5 − 3	14 − 5
8	13 − 6	10 − 1	11 − 4	6 − 3

SHEET 4   TIME TAKEN:_____MIN

	A	B	C	D
1	9 − 2	12 − 5	5 − 3	11 − 1
2	6 − 4	7 − 1	14 − 6	13 − 3
3	5 − 5	9 − 2	6 − 1	8 − 4
4	14 − 3	7 − 2	5 − 5	9 − 4
5	12 − 5	8 − 2	11 − 6	6 − 4
6	9 − 3	10 − 4	5 − 1	7 − 5
7	12 − 4	14 − 8	10 − 2	13 − 7
8	8 − 6	9 − 7	12 − 3	10 − 5

ONE-SHEET-A-DAY MATH DRILLS
GRADE 1 SUBTRACTION - TWO NUMBERS - MONTH 4

	A	B	C	D
1	13 − 8	14 − 5	9 − 6	8 − 2
2	5 − 5	11 − 3	10 − 4	9 − 2
3	13 − 4	7 − 7	11 − 6	10 − 1
4	5 − 1	6 − 2	8 − 3	11 − 4
5	14 − 6	13 − 4	10 − 7	7 − 1
6	12 − 1	8 − 2	5 − 3	14 − 5
7	13 − 6	10 − 1	11 − 4	6 − 3
8	9 − 2	12 − 5	5 − 3	11 − 1

ONE-SHEET-A-DAY MATH DRILLS
GRADE 1 SUBTRACTION - TWO NUMBERS - MONTH 4

	A	B	C	D
1	6 − 4	7 − 1	14 − 6	13 − 3
2	5 − 5	9 − 2	6 − 1	8 − 4
3	14 − 3	7 − 2	5 − 5	9 − 4
4	12 − 5	8 − 2	11 − 6	6 − 4
5	9 − 3	10 − 4	5 − 1	7 − 5
6	12 − 4	14 − 8	10 − 2	13 − 7
7	8 − 6	9 − 7	12 − 3	10 − 5
8	13 − 8	14 − 5	9 − 6	8 − 2

	A	B	C	D
1	5 − 5	11 − 3	10 − 4	9 − 2
2	13 − 4	7 − 7	11 − 6	10 − 1
3	5 − 1	6 − 2	8 − 3	11 − 4
4	14 − 6	13 − 4	10 − 7	7 − 1
5	12 − 1	8 − 2	5 − 3	14 − 5
6	13 − 6	10 − 1	11 − 4	6 − 3
7	9 − 2	12 − 5	5 − 3	11 − 1
8	6 − 4	7 − 1	14 − 6	13 − 3

	A	B	C	D
1	5 − 5	9 − 2	6 − 1	8 − 4
2	14 − 3	7 − 2	5 − 5	9 − 4
3	12 − 5	8 − 2	11 − 6	6 − 4
4	9 − 3	10 − 4	5 − 1	7 − 5
5	12 − 4	14 − 8	10 − 2	13 − 7
6	8 − 6	9 − 7	12 − 3	10 − 5
7	13 − 8	14 − 5	9 − 6	8 − 2
8	5 − 5	11 − 3	10 − 4	9 − 2

	A	B	C	D
1	13 − 4	7 − 7	11 − 6	10 − 1
2	5 − 1	6 − 2	8 − 3	11 − 4
3	14 − 6	13 − 4	10 − 7	7 − 1
4	12 − 1	8 − 2	5 − 3	14 − 5
5	13 − 6	10 − 1	11 − 4	6 − 3
6	9 − 2	12 − 5	5 − 3	11 − 1
7	6 − 4	7 − 1	14 − 6	13 − 3
8	5 − 5	9 − 2	6 − 1	8 − 4

ONE-SHEET-A-DAY MATH DRILLS
GRADE 1 SUBTRACTION - TWO NUMBERS - MONTH 4

	A	B	C	D
1	12 − 6	11 − 5	9 − 7	13 − 8
2	8 − 4	6 − 6	11 − 3	15 − 5
3	13 − 3	12 − 4	6 − 5	11 − 6
4	15 − 6	8 − 5	7 − 3	13 − 7
5	14 − 7	12 − 3	10 − 4	8 − 8
6	11 − 6	9 − 8	14 − 7	13 − 3
7	12 − 5	6 − 4	15 − 3	10 − 6
8	9 − 6	7 − 7	12 − 3	13 − 5

ONE-SHEET-A-DAY MATH DRILLS
GRADE 1 SUBTRACTION - TWO NUMBERS - MONTH 4

	A	B	C	D
1	15 - 4	9 - 5	6 - 6	8 - 3
2	10 - 9	11 - 3	14 - 5	9 - 6
3	7 - 4	10 - 5	12 - 7	15 - 3
4	11 - 7	7 - 4	8 - 3	12 - 6
5	6 - 3	9 - 4	7 - 6	10 - 5
6	11 - 5	8 - 8	15 - 4	12 - 6
7	7 - 6	6 - 4	10 - 5	9 - 3
8	15 - 4	11 - 5	8 - 3	7 - 6

	A	B	C	D
1	10 − 7	9 − 5	14 − 8	15 − 6
2	12 − 6	11 − 4	8 − 3	6 − 5
3	13 − 3	12 − 4	11 − 5	15 − 7
4	6 − 4	8 − 6	10 − 5	9 − 3
5	12 − 5	13 − 4	14 − 7	7 − 3
6	15 − 4	11 − 8	9 − 6	14 − 7
7	6 − 5	13 − 4	12 − 3	15 − 6
8	9 − 6	6 − 3	7 − 5	12 − 4

	A	B	C	D
1	14 - 6	9 - 3	11 - 5	7 - 4
2	10 - 5	12 - 7	15 - 3	8 - 6
3	11 - 7	7 - 4	12 - 3	14 - 6
4	6 - 3	9 - 4	7 - 6	10 - 5
5	11 - 5	8 - 8	15 - 4	12 - 6
6	7 - 6	6 - 4	10 - 5	9 - 3
7	15 - 4	11 - 5	8 - 3	7 - 6
8	10 - 7	9 - 5	14 - 8	15 - 6

	A	B	C	D
1	12 − 6	11 − 4	8 − 3	6 − 5
2	13 − 3	12 − 4	11 − 5	15 − 7
3	6 − 4	8 − 6	10 − 5	9 − 3
4	12 − 5	13 − 4	14 − 7	7 − 3
5	15 − 4	11 − 8	9 − 6	14 − 7
6	6 − 5	13 − 4	12 − 3	15 − 6
7	9 − 6	6 − 3	7 − 5	12 − 4
8	14 − 6	9 − 3	11 − 5	7 − 4

ONE-SHEET-A-DAY MATH DRILLS
GRADE 1 SUBTRACTION - TWO NUMBERS - MONTH 4

	A	B	C	D
1	10 − 5	12 − 7	15 − 3	8 − 6
2	11 − 7	7 − 4	12 − 3	14 − 6
3	6 − 3	9 − 4	7 − 6	10 − 5
4	11 − 5	8 − 8	15 − 4	12 − 6
5	7 − 6	6 − 4	10 − 5	9 − 3
6	15 − 4	11 − 5	8 − 3	7 − 6
7	10 − 7	9 − 5	14 − 8	15 − 6
8	12 − 6	11 − 4	8 − 3	6 − 5

	A	B	C	D
1	13 − 3	12 − 4	11 − 5	15 − 7
2	6 − 4	8 − 6	10 − 5	9 − 3
3	12 − 5	13 − 4	14 − 7	7 − 3
4	15 − 4	11 − 8	9 − 6	14 − 7
5	6 − 5	13 − 4	12 − 3	15 − 6
6	9 − 6	6 − 3	7 − 5	12 − 4
7	14 − 6	9 − 3	11 − 5	7 − 4
8	10 − 5	12 − 7	15 − 3	8 − 6

	A	B	C	D
1	11 - 7	7 - 4	12 - 3	14 - 6
2	6 - 3	9 - 4	7 - 6	10 - 5
3	11 - 5	8 - 8	15 - 4	12 - 6
4	7 - 6	6 - 4	10 - 5	9 - 3
5	15 - 4	11 - 5	8 - 3	7 - 6
6	10 - 7	9 - 5	14 - 8	15 - 6
7	12 - 6	11 - 4	8 - 3	6 - 5
8	13 - 3	12 - 4	11 - 5	15 - 7

ONE-SHEET-A-DAY MATH DRILLS
GRADE 1 SUBTRACTION - TWO NUMBERS - MONTH 4

	A	B	C	D
1	6 − 4	8 − 6	10 − 5	9 − 3
2	12 − 5	13 − 4	14 − 7	7 − 3
3	15 − 4	11 − 8	9 − 6	14 − 7
4	6 − 5	13 − 4	12 − 3	15 − 6
5	9 − 6	6 − 3	7 − 5	12 − 4
6	14 − 6	9 − 3	11 − 5	7 − 4
7	10 − 5	12 − 7	15 − 3	8 − 6
8	11 − 7	7 − 4	12 − 3	14 − 6

ONE-SHEET-A-DAY MATH DRILLS
GRADE 1 SUBTRACTION - TWO NUMBERS - MONTH 4

	A	B	C	D
1	6 - 3	9 - 4	7 - 6	10 - 5
2	11 - 5	8 - 8	15 - 4	12 - 6
3	7 - 6	6 - 4	10 - 5	9 - 3
4	15 - 4	11 - 5	8 - 3	7 - 6
5	10 - 7	9 - 5	14 - 8	15 - 6
6	12 - 6	11 - 4	8 - 3	6 - 5
7	13 - 3	12 - 4	11 - 5	15 - 7
8	6 - 4	8 - 6	10 - 5	9 - 3

SHEET 20

TIME TAKEN:_____MIN

ONE-SHEET-A-DAY MATH DRILLS
GRADE 1 SUBTRACTION - TWO NUMBERS - MONTH 4

SHEET 1	A	B	C	D
1	3	11	7	2
2	6	4	10	10
3	5	4	10	4
4	2	6	8	10
5	0	7	5	4
6	11	5	0	5
7	7	6	5	2
8	6	6	4	2
SHEET 2	A	B	C	D
1	8	6	8	6
2	2	2	9	5
3	5	9	3	6
4	0	8	6	7
5	9	0	5	9
6	4	4	5	7
7	8	9	3	6
8	11	6	2	9
SHEET 3	A	B	C	D
1	7	9	7	3
2	7	7	2	10
3	2	6	8	10
4	0	7	5	4
5	11	5	0	5
6	7	6	5	2
7	6	6	4	2
8	8	6	8	6
SHEET 4	A	B	C	D
1	2	2	9	5
2	5	9	3	6
3	0	8	6	7
4	9	0	5	9
5	4	4	5	7
6	8	9	3	6
7	11	6	2	9
8	7	9	7	3

ONE-SHEET-A-DAY MATH DRILLS
GRADE 1 SUBTRACTION - TWO NUMBERS - MONTH 4

SHEET 5	A	B	C	D
1	7	7	2	10
2	2	6	8	10
3	0	7	5	4
4	11	5	0	5
5	7	6	5	2
6	6	6	4	2
7	8	6	8	6
8	2	2	9	5
SHEET 6	A	B	C	D
1	5	9	3	6
2	0	8	6	7
3	9	0	5	9
4	4	4	5	7
5	8	9	3	6
6	11	6	2	9
7	7	9	7	3
8	7	7	2	10
SHEET 7	A	B	C	D
1	2	6	8	10
2	0	7	5	4
3	11	5	0	5
4	7	6	5	2
5	6	6	4	2
6	8	6	8	6
7	2	2	9	5
8	5	9	3	6
SHEET 8	A	B	C	D
1	0	8	6	7
2	9	0	5	9
3	4	4	5	7
4	8	9	3	6
5	11	6	2	9
6	7	9	7	3
7	7	7	2	10
8	2	6	8	10

ONE-SHEET-A-DAY MATH DRILLS
GRADE 1 SUBTRACTION - TWO NUMBERS - MONTH 4

SHEET 9	A	B	C	D
1	0	7	5	4
2	11	5	0	5
3	7	6	5	2
4	6	6	4	2
5	8	6	8	6
6	2	2	9	5
7	5	9	3	6
8	0	8	6	7
SHEET 10	A	B	C	D
1	9	0	5	9
2	4	4	5	7
3	8	9	3	6
4	11	6	2	9
5	7	9	7	3
6	7	7	2	10
7	2	6	8	10
8	0	7	5	4
SHEET 11	A	B	C	D
1	6	6	2	5
2	4	0	8	10
3	10	8	1	5
4	9	3	4	6
5	7	9	6	0
6	5	1	7	10
7	7	2	12	4
8	3	0	9	8
SHEET 12	A	B	C	D
1	11	4	0	5
2	1	8	9	3
3	3	5	5	12
4	4	3	5	6
5	3	5	1	5
6	6	0	11	6
7	1	2	5	6
8	11	6	5	1

ONE-SHEET-A-DAY MATH DRILLS
GRADE 1 SUBTRACTION - TWO NUMBERS - MONTH 4

SHEET 13	A	B	C	D
1	3	4	6	9
2	6	7	5	1
3	10	8	6	8
4	2	2	5	6
5	7	9	7	4
6	11	3	3	7
7	1	9	9	9
8	3	3	2	8
SHEET 14	A	B	C	D
1	8	6	6	3
2	5	5	12	2
3	4	3	9	8
4	3	5	1	5
5	6	0	11	6
6	1	2	5	6
7	11	6	5	1
8	3	4	6	9
SHEET 15	A	B	C	D
1	6	7	5	1
2	10	8	6	8
3	2	2	5	6
4	7	9	7	4
5	11	3	3	7
6	1	9	9	9
7	3	3	2	8
8	8	6	6	3
SHEET 16	A	B	C	D
1	5	5	12	2
2	4	3	9	8
3	3	5	1	5
4	6	0	11	6
5	1	2	5	6
6	11	6	5	1
7	3	4	6	9
8	6	7	5	1

ONE-SHEET-A-DAY MATH DRILLS
GRADE 1 SUBTRACTION - TWO NUMBERS - MONTH 4

SHEET 17	A	B	C	D
1	10	8	6	8
2	2	2	5	6
3	7	9	7	4
4	11	3	3	7
5	1	9	9	9
6	3	3	2	8
7	8	6	6	3
8	5	5	12	2
SHEET 18	A	B	C	D
1	4	3	9	8
2	3	5	1	5
3	6	0	11	6
4	1	2	5	6
5	11	6	5	1
6	3	4	6	9
7	6	7	5	1
8	10	8	6	8
SHEET 19	A	B	C	D
1	2	2	5	6
2	7	9	7	4
3	11	3	3	7
4	1	9	9	9
5	3	3	2	8
6	8	6	6	3
7	5	5	12	2
8	4	3	9	8
SHEET 20	A	B	C	D
1	3	5	1	5
2	6	0	11	6
3	1	2	5	6
4	11	6	5	1
5	3	4	6	9
6	6	7	5	1
7	10	8	6	8
8	2	2	5	6

	A	B	C	D
1	9 − 1	8 − 2	16 − 4	10 − 8
2	13 − 7	12 − 3	15 − 1	7 − 2
3	14 − 2	8 − 6	13 − 8	15 − 5
4	12 − 4	16 − 3	9 − 1	10 − 7
5	7 − 5	11 − 2	14 − 6	16 − 3
6	12 − 4	8 − 8	11 − 3	9 − 1
7	13 − 4	10 − 7	12 − 2	7 − 5
8	16 − 2	14 − 8	15 − 4	10 − 9

	A	B	C	D
1	8 - 7	16 - 6	12 - 2	14 - 3
2	11 - 6	7 - 7	10 - 5	13 - 3
3	9 - 5	16 - 6	12 - 7	7 - 2
4	14 - 6	8 - 7	13 - 2	16 - 5
5	15 - 5	7 - 1	9 - 7	13 - 2
6	11 - 6	15 - 8	14 - 1	12 - 9
7	13 - 6	8 - 8	9 - 1	15 - 5
8	12 - 6	7 - 4	11 - 2	14 - 3

	A	B	C	D
1	15 - 9	16 - 6	10 - 1	12 - 4
2	8 - 5	9 - 1	13 - 8	14 - 7
3	15 - 9	11 - 1	16 - 4	13 - 5
4	9 - 2	8 - 4	10 - 1	7 - 6
5	12 - 1	15 - 9	14 - 3	10 - 2
6	9 - 9	13 - 5	16 - 8	14 - 2
7	15 - 2	9 - 1	11 - 8	12 - 3
8	10 - 6	15 - 3	8 - 7	16 - 2

ONE-SHEET-A-DAY MATH DRILLS
GRADE 1 SUBTRACTION - TWO NUMBERS - MONTH 5

	A	B	C	D
1	13 - 5	9 - 4	12 - 1	7 - 2
2	14 - 5	11 - 9	10 - 8	13 - 7
3	16 - 4	12 - 3	7 - 5	14 - 1
4	15 - 1	9 - 3	11 - 6	12 - 7
5	13 - 6	8 - 7	9 - 5	16 - 8
6	10 - 7	15 - 1	7 - 2	9 - 5
7	12 - 7	14 - 1	13 - 3	7 - 6
8	16 - 1	9 - 2	14 - 8	13 - 9

SHEET 4 TIME TAKEN:_____MIN

ONE-SHEET-A-DAY MATH DRILLS
GRADE 1 SUBTRACTION - TWO NUMBERS - MONTH 5

	A	B	C	D
1	10 − 8	12 − 7	9 − 6	16 − 1
2	14 − 6	13 − 1	7 − 7	15 − 3
3	9 − 7	16 − 2	14 − 8	8 − 6
4	13 − 5	10 − 8	12 − 1	11 − 7
5	7 − 3	8 − 4	10 − 5	13 − 6
6	9 − 6	12 − 2	8 − 1	15 − 7
7	16 − 1	7 − 4	14 − 6	8 − 3
8	9 − 5	11 − 2	7 − 1	10 − 6

ONE-SHEET-A-DAY MATH DRILLS
GRADE 1 SUBTRACTION - TWO NUMBERS - MONTH 5

	A	B	C	D
1	13 − 4	15 − 2	8 − 1	16 − 3
2	10 − 7	14 − 9	9 − 2	13 − 6
3	16 − 2	7 − 6	12 − 4	15 − 5
4	9 − 4	8 − 3	7 − 1	10 − 6
5	14 − 2	9 − 5	13 − 9	15 − 4
6	8 − 2	11 − 4	9 − 3	14 − 7
7	13 − 7	7 − 3	12 − 5	16 − 4
8	10 − 5	15 − 7	7 − 2	8 − 4

SHEET 6 TIME TAKEN:_____MIN

ONE-SHEET-A-DAY MATH DRILLS
GRADE 1 SUBTRACTION - TWO NUMBERS - MONTH 5

	A	B	C	D
1	12 − 8	10 − 6	13 − 1	14 − 4
2	9 − 7	16 − 5	7 − 3	13 − 2
3	14 − 5	8 − 7	9 − 6	12 − 1
4	15 − 6	7 − 2	8 − 7	10 − 1
5	9 − 2	15 − 9	16 − 8	12 − 7
6	13 − 7	14 − 6	15 − 8	8 − 1
7	10 − 1	9 − 9	16 − 7	14 − 2
8	15 − 5	13 − 1	8 − 4	10 − 8

		A	B	C	D
1		14 − 3	7 − 4	11 − 6	8 − 5
2		13 − 6	9 − 2	12 − 1	15 − 9
3		14 − 1	16 − 4	7 − 6	8 − 3
4		9 − 2	11 − 1	10 − 9	12 − 6
5		13 − 4	15 − 2	8 − 1	16 − 3
6		10 − 7	14 − 9	9 − 2	13 − 6
7		16 − 2	7 − 6	12 − 4	15 − 5
8		9 − 4	8 − 3	7 − 1	10 − 6

ONE-SHEET-A-DAY MATH DRILLS
GRADE 1 SUBTRACTION - TWO NUMBERS - MONTH 5

	A	B	C	D
1	14 − 2	9 − 5	13 − 9	15 − 4
2	8 − 2	11 − 4	9 − 3	14 − 7
3	13 − 7	7 − 3	12 − 5	16 − 4
4	10 − 5	15 − 7	7 − 2	8 − 4
5	12 − 8	10 − 6	13 − 1	14 − 4
6	9 − 7	16 − 5	7 − 3	13 − 2
7	14 − 5	8 − 7	9 − 6	12 − 1
8	15 − 6	7 − 2	8 − 7	10 − 1

ONE-SHEET-A-DAY MATH DRILLS
GRADE 1 SUBTRACTION - TWO NUMBERS - MONTH 5

	A	B	C	D
1	9 - 2	15 - 9	16 - 8	12 - 7
2	13 - 7	14 - 6	15 - 8	8 - 1
3	10 - 1	9 - 9	16 - 7	14 - 2
4	15 - 5	13 - 1	8 - 4	10 - 8
5	14 - 3	7 - 4	11 - 6	8 - 5
6	13 - 6	9 - 2	12 - 1	15 - 9
7	14 - 1	16 - 4	7 - 6	8 - 3
8	9 - 2	11 - 1	10 - 9	12 - 6

SHEET 10   TIME TAKEN:_____MIN

ONE-SHEET-A-DAY MATH DRILLS
GRADE 1 SUBTRACTION - TWO NUMBERS - MONTH 5

	A	B	C	D
1	8 − 8	17 − 1	15 − 3	9 − 7
2	12 − 6	8 − 7	14 − 2	17 − 8
3	9 − 5	13 − 7	8 − 4	12 − 8
4	15 − 4	11 − 7	14 − 6	8 − 2
5	10 − 2	17 − 1	16 − 6	9 − 9
6	15 − 1	12 − 4	13 − 6	8 − 3
7	16 − 9	11 − 2	15 − 5	10 − 1
8	13 − 7	12 − 6	16 − 5	11 − 1

Universal-Publishers.com - For personal use only.

ONE-SHEET-A-DAY MATH DRILLS
GRADE 1 SUBTRACTION - TWO NUMBERS - MONTH 5

	A	B	C	D
1	15 - 7	10 - 3	9 - 8	14 - 9
2	11 - 3	13 - 1	8 - 4	10 - 5
3	14 - 7	12 - 4	17 - 8	8 - 5
4	15 - 1	11 - 6	14 - 8	9 - 5
5	17 - 8	13 - 3	8 - 5	11 - 4
6	16 - 4	17 - 7	14 - 8	9 - 5
7	12 - 7	8 - 6	15 - 5	11 - 4
8	13 - 8	14 - 6	17 - 4	12 - 9

 TIME TAKEN:_____MIN

ONE-SHEET-A-DAY MATH DRILLS
GRADE 1 SUBTRACTION - TWO NUMBERS - MONTH 5

	A	B	C	D
1	9 - 7	8 - 5	15 - 8	13 - 6
2	14 - 3	12 - 9	17 - 2	9 - 8
3	11 - 8	14 - 2	13 - 9	16 - 1
4	10 - 7	9 - 1	12 - 2	15 - 3
5	16 - 4	8 - 6	11 - 7	17 - 5
6	15 - 8	16 - 4	13 - 1	10 - 2
7	8 - 7	9 - 4	11 - 6	17 - 2
8	16 - 5	13 - 7	8 - 4	12 - 8

ONE-SHEET-A-DAY MATH DRILLS
GRADE 1 SUBTRACTION - TWO NUMBERS - MONTH 5

	A	B	C	D
1	15 − 4	11 − 7	14 − 6	8 − 2
2	10 − 2	17 − 1	16 − 6	9 − 9
3	15 − 1	12 − 4	13 − 6	8 − 3
4	16 − 9	11 − 2	15 − 5	10 − 1
5	13 − 7	12 − 6	16 − 5	11 − 1
6	15 − 7	10 − 3	9 − 8	14 − 9
7	11 − 3	13 − 1	8 − 4	10 − 5
8	14 − 7	12 − 4	17 − 8	8 − 5

	A	B	C	D
1	15 − 1	11 − 6	14 − 8	9 − 5
2	17 − 8	13 − 3	8 − 5	11 − 4
3	16 − 4	17 − 7	14 − 8	9 − 5
4	12 − 7	8 − 6	15 − 5	11 − 4
5	13 − 8	14 − 6	17 − 4	12 − 9
6	9 − 7	8 − 5	15 − 8	13 − 6
7	14 − 3	12 − 9	17 − 2	9 − 8
8	11 − 8	14 − 2	13 − 9	16 − 1

ONE-SHEET-A-DAY MATH DRILLS
GRADE 1 SUBTRACTION - TWO NUMBERS - MONTH 5

	A	B	C	D
1	10 − 7	9 − 1	12 − 2	15 − 3
2	16 − 4	8 − 6	11 − 7	17 − 5
3	15 − 8	16 − 4	13 − 1	10 − 2
4	8 − 7	9 − 4	11 − 6	17 − 2
5	16 − 5	13 − 7	8 − 4	12 − 8
6	15 − 4	11 − 7	14 − 6	8 − 2
7	10 − 2	17 − 1	16 − 6	9 − 9
8	15 − 1	12 − 4	13 − 6	8 − 3

ONE-SHEET-A-DAY MATH DRILLS
GRADE 1 SUBTRACTION - TWO NUMBERS - MONTH 5

	A	**B**	**C**	**D**
1	16 − 9	11 − 2	15 − 5	10 − 1
2	13 − 7	12 − 6	16 − 5	11 − 1
3	15 − 7	10 − 3	9 − 8	14 − 9
4	11 − 3	13 − 1	8 − 4	10 − 5
5	14 − 7	12 − 4	17 − 8	8 − 5
6	15 − 1	11 − 6	14 − 8	9 − 5
7	17 − 8	13 − 3	8 − 5	11 − 4
8	16 − 4	17 − 7	14 − 8	9 − 5

ONE-SHEET-A-DAY MATH DRILLS
GRADE 1 SUBTRACTION - TWO NUMBERS - MONTH 5

	A	B	C	D
1	12 − 7	8 − 6	15 − 5	11 − 4
2	13 − 8	14 − 6	17 − 4	12 − 9
3	9 − 7	8 − 5	15 − 8	13 − 6
4	14 − 3	12 − 9	17 − 2	9 − 8
5	11 − 8	14 − 2	13 − 9	16 − 1
6	10 − 7	9 − 1	12 − 2	15 − 3
7	16 − 4	8 − 6	11 − 7	17 − 5
8	15 − 8	16 − 4	13 − 1	10 − 2

	A	B	C	D
1	8 − 7	9 − 4	11 − 6	17 − 2
2	16 − 5	13 − 7	8 − 4	12 − 8
3	15 − 4	11 − 7	14 − 6	8 − 2
4	10 − 2	17 − 1	16 − 6	9 − 9
5	15 − 1	12 − 4	13 − 6	8 − 3
6	16 − 9	11 − 2	15 − 5	10 − 1
7	13 − 7	12 − 6	16 − 5	11 − 1
8	15 − 7	10 − 3	9 − 8	14 − 9

ONE-SHEET-A-DAY MATH DRILLS
GRADE 1 SUBTRACTION - TWO NUMBERS - MONTH 5

	A	B	C	D
1	11 − 3	13 − 1	8 − 4	10 − 5
2	14 − 7	12 − 4	17 − 8	8 − 5
3	15 − 1	11 − 6	14 − 8	9 − 5
4	17 − 8	13 − 3	8 − 5	11 − 4
5	16 − 4	17 − 7	14 − 8	9 − 5
6	12 − 7	8 − 6	15 − 5	11 − 4
7	13 − 8	14 − 6	17 − 4	12 − 9
8	9 − 7	8 − 5	15 − 8	13 − 6

ONE-SHEET-A-DAY MATH DRILLS
GRADE 1 SUBTRACTION - TWO NUMBERS - MONTH 5

SHEET 1	A	B	C	D
1	8	6	12	2
2	6	9	14	5
3	12	2	5	10
4	8	13	8	3
5	2	9	8	13
6	8	0	8	8
7	9	3	10	2
8	14	6	11	1
SHEET 2	A	B	C	D
1	1	10	10	11
2	5	0	5	10
3	4	10	5	5
4	8	1	11	11
5	10	6	2	11
6	5	7	13	3
7	7	0	8	10
8	6	3	9	11
SHEET 3	A	B	C	D
1	6	10	9	8
2	3	8	5	7
3	6	10	12	8
4	7	4	9	1
5	11	6	11	8
6	0	8	8	12
7	13	8	3	9
8	4	12	1	14
SHEET 4	A	B	C	D
1	8	5	11	5
2	9	2	2	6
3	12	9	2	13
4	14	6	5	5
5	7	1	4	8
6	3	14	5	4
7	5	13	10	1
8	15	7	6	4

ONE-SHEET-A-DAY MATH DRILLS
GRADE 1 SUBTRACTION - TWO NUMBERS - MONTH 5

SHEET 5	A	B	C	D
1	2	5	3	15
2	8	12	0	12
3	2	14	6	2
4	8	2	11	4
5	4	4	5	7
6	3	10	7	8
7	15	3	8	5
8	4	9	6	4
SHEET 6	A	B	C	D
1	9	13	7	13
2	3	5	7	7
3	14	1	8	10
4	5	5	6	4
5	12	4	4	11
6	6	7	6	7
7	6	4	7	12
8	5	8	5	4
SHEET 7	A	B	C	D
1	4	4	12	10
2	2	11	4	11
3	9	1	3	11
4	9	5	1	9
5	7	6	8	5
6	6	8	7	7
7	9	0	9	12
8	10	12	4	2
SHEET 8	A	B	C	D
1	11	3	5	3
2	7	7	11	6
3	13	12	1	5
4	7	10	1	6
5	9	13	7	13
6	3	5	7	7
7	14	1	8	10
8	5	5	6	4

　　　ANSWER KEY 2

ONE-SHEET-A-DAY MATH DRILLS
GRADE 1 SUBTRACTION - TWO NUMBERS - MONTH 5

SHEET 9	A	B	C	D
1	12	4	4	11
2	6	7	6	7
3	6	4	7	12
4	5	8	5	4
5	4	4	12	10
6	2	11	4	11
7	9	1	3	11
8	9	5	1	9
SHEET 10	A	B	C	D
1	7	6	8	5
2	6	8	7	7
3	9	0	9	12
4	10	12	4	2
5	11	3	5	3
6	7	7	11	6
7	13	12	1	5
8	7	10	1	6
SHEET 11	A	B	C	D
1	0	16	12	2
2	6	1	12	9
3	4	6	4	4
4	11	4	8	6
5	8	16	10	0
6	14	8	7	5
7	7	9	10	9
8	6	6	11	10
SHEET 12	A	B	C	D
1	8	7	1	5
2	8	12	4	5
3	7	8	9	3
4	14	5	6	4
5	9	10	3	7
6	12	10	6	4
7	5	2	10	7
8	5	8	13	3

ONE-SHEET-A-DAY MATH DRILLS
GRADE 1 SUBTRACTION - TWO NUMBERS - MONTH 5

SHEET 13	A	B	C	D
1	2	3	7	7
2	11	3	15	1
3	3	12	4	15
4	3	8	10	12
5	12	2	4	12
6	7	12	12	8
7	1	5	5	15
8	11	6	4	4
SHEET 14	A	B	C	D
1	11	4	8	6
2	8	16	10	0
3	14	8	7	5
4	7	9	10	9
5	6	6	11	10
6	8	7	1	5
7	8	12	4	5
8	7	8	9	3
SHEET 15	A	B	C	D
1	14	5	6	4
2	9	10	3	7
3	12	10	6	4
4	5	2	10	7
5	5	8	13	3
6	2	3	7	7
7	11	3	15	1
8	3	12	4	15
SHEET 16	A	B	C	D
1	3	8	10	12
2	12	2	4	12
3	7	12	12	8
4	1	5	5	15
5	11	6	4	4
6	11	4	8	6
7	8	16	10	0
8	14	8	7	5

ANSWER KEY 4

ONE-SHEET-A-DAY MATH DRILLS
GRADE 1 SUBTRACTION - TWO NUMBERS - MONTH 5

SHEET 17	A	B	C	D
1	7	9	10	9
2	6	6	11	10
3	8	7	1	5
4	8	12	4	5
5	7	8	9	3
6	14	5	6	4
7	9	10	3	7
8	12	10	6	4
SHEET 18	**A**	**B**	**C**	**D**
1	5	2	10	7
2	5	8	13	3
3	2	3	7	7
4	11	3	15	1
5	3	12	4	15
6	3	8	10	12
7	12	2	4	12
8	7	12	12	8
SHEET 19	**A**	**B**	**C**	**D**
1	1	5	5	15
2	11	6	4	4
3	11	4	8	6
4	8	16	10	0
5	14	8	7	5
6	7	9	10	9
7	6	6	11	10
8	8	7	1	5
SHEET 20	**A**	**B**	**C**	**D**
1	8	12	4	5
2	7	8	9	3
3	14	5	6	4
4	9	10	3	7
5	12	10	6	4
6	5	2	10	7
7	5	8	13	3
8	2	3	7	7

ONE-SHEET-A-DAY MATH DRILLS
GRADE 1 SUBTRACTION - TWO NUMBERS - MONTH 6

	A	B	C	D
1	10 − 2	9 − 1	7 − 3	11 − 4
2	8 − 7	17 − 1	14 − 8	13 − 4
3	7 − 2	11 − 6	10 − 7	15 − 1
4	17 − 5	12 − 8	16 − 7	9 − 6
5	11 − 4	7 − 3	15 − 7	10 − 1
6	17 − 3	13 − 5	9 − 7	14 − 2
7	12 − 1	17 − 4	16 − 2	11 − 6
8	9 − 1	10 − 4	14 − 8	13 − 7

ONE-SHEET-A-DAY MATH DRILLS
GRADE 1 SUBTRACTION - TWO NUMBERS - MONTH 6

	A	B	C	D
1	17 − 7	15 − 8	11 − 5	10 − 2
2	13 − 4	14 − 5	15 − 1	9 − 3
3	10 − 2	13 − 8	8 − 5	11 − 6
4	7 − 5	14 − 7	17 − 3	16 − 2
5	15 − 1	8 − 5	9 − 7	12 − 6
6	17 − 1	14 − 3	8 − 5	15 − 8
7	7 − 2	9 − 7	14 − 3	13 − 4
8	16 − 6	15 − 8	8 − 7	14 − 2

SHEET 2 TIME TAKEN:_____MIN

ONE-SHEET-A-DAY MATH DRILLS
GRADE 1 SUBTRACTION - TWO NUMBERS - MONTH 6

	A	B	C	D
1	10 - 6	9 - 2	16 - 7	7 - 5
2	13 - 1	8 - 4	10 - 5	12 - 7
3	7 - 1	16 - 4	15 - 3	14 - 5
4	17 - 1	10 - 6	11 - 2	13 - 5
5	8 - 2	9 - 6	15 - 4	7 - 1
6	17 - 2	12 - 1	13 - 4	10 - 3
7	8 - 7	17 - 1	14 - 8	13 - 4
8	7 - 2	11 - 6	10 - 7	15 - 1

ONE-SHEET-A-DAY MATH DRILLS
GRADE 1 SUBTRACTION - TWO NUMBERS - MONTH 6

	A	B	C	D
1	17 - 5	12 - 8	16 - 7	9 - 6
2	11 - 4	7 - 3	15 - 7	10 - 1
3	17 - 3	13 - 5	9 - 7	14 - 2
4	12 - 1	17 - 4	16 - 2	11 - 6
5	9 - 1	10 - 4	14 - 8	13 - 7
6	17 - 7	15 - 8	11 - 5	10 - 2
7	13 - 4	14 - 5	15 - 1	9 - 3
8	10 - 2	13 - 8	8 - 5	11 - 6

SHEET 4 TIME TAKEN:_____MIN

	A	B	C	D
1	7 − 5	14 − 7	17 − 3	16 − 2
2	15 − 1	8 − 5	9 − 7	12 − 6
3	17 − 1	14 − 3	8 − 5	15 − 8
4	7 − 2	9 − 7	14 − 3	13 − 4
5	16 − 6	15 − 8	8 − 7	14 − 2
6	10 − 6	9 − 2	16 − 7	7 − 5
7	13 − 1	8 − 4	10 − 5	12 − 7
8	7 − 1	16 − 4	15 − 3	14 − 5

ONE-SHEET-A-DAY MATH DRILLS
GRADE 1 SUBTRACTION - TWO NUMBERS - MONTH 6

	A	B	C	D
1	17 − 1	10 − 6	11 − 2	13 − 5
2	8 − 2	9 − 6	15 − 4	7 − 1
3	17 − 2	12 − 1	13 − 4	10 − 3
4	8 − 7	17 − 1	14 − 8	13 − 4
5	7 − 2	11 − 6	10 − 7	15 − 1
6	17 − 5	12 − 8	16 − 7	9 − 6
7	11 − 4	7 − 3	15 − 7	10 − 1
8	17 − 3	13 − 5	9 − 7	14 − 2

ONE-SHEET-A-DAY MATH DRILLS
GRADE 1 SUBTRACTION - TWO NUMBERS - MONTH 6

	A	B	C	D
1	12 − 1	17 − 4	16 − 2	11 − 6
2	9 − 1	10 − 4	14 − 8	13 − 7
3	17 − 7	15 − 8	11 − 5	10 − 2
4	13 − 4	14 − 5	15 − 1	9 − 3
5	10 − 2	13 − 8	8 − 5	11 − 6
6	7 − 5	14 − 7	17 − 3	16 − 2
7	15 − 1	8 − 5	9 − 7	12 − 6
8	17 − 1	14 − 3	8 − 5	15 − 8

ONE-SHEET-A-DAY MATH DRILLS
GRADE 1 SUBTRACTION - TWO NUMBERS - MONTH 6

	A	B	C	D
1	7 − 2	9 − 7	14 − 3	13 − 4
2	16 − 6	15 − 8	8 − 7	14 − 2
3	10 − 6	9 − 2	16 − 7	7 − 5
4	13 − 1	8 − 4	10 − 5	12 − 7
5	7 − 1	16 − 4	15 − 3	14 − 5
6	17 − 1	10 − 6	11 − 2	13 − 5
7	8 − 2	9 − 6	15 − 4	7 − 1
8	17 − 2	12 − 1	13 − 4	10 − 3

 TIME TAKEN:_____MIN

ONE-SHEET-A-DAY MATH DRILLS
GRADE 1 SUBTRACTION - TWO NUMBERS - MONTH 6

	A	B	C	D
1	8 − 7	17 − 1	14 − 8	13 − 4
2	7 − 2	11 − 6	10 − 7	15 − 1
3	17 − 5	12 − 8	16 − 7	9 − 6
4	11 − 4	7 − 3	15 − 7	10 − 1
5	17 − 3	13 − 5	9 − 7	14 − 2
6	12 − 1	17 − 4	16 − 2	11 − 6
7	9 − 1	10 − 4	14 − 8	13 − 7
8	17 − 7	15 − 8	11 − 5	10 − 2

ONE-SHEET-A-DAY MATH DRILLS
GRADE 1 SUBTRACTION - TWO NUMBERS - MONTH 6

	A	B	C	D
1	13 − 4	14 − 5	15 − 1	9 − 3
2	10 − 2	13 − 8	8 − 5	11 − 6
3	7 − 5	14 − 7	17 − 3	16 − 2
4	15 − 1	8 − 5	9 − 7	12 − 6
5	17 − 1	14 − 3	8 − 5	15 − 8
6	7 − 2	9 − 7	14 − 3	13 − 4
7	16 − 6	15 − 8	8 − 7	14 − 2
8	10 − 6	9 − 2	16 − 7	7 − 5

SHEET 10   TIME TAKEN:_____MIN

		A	B	C	D
1		16 - 6	15 - 5	12 - 7	17 - 9
2		14 - 3	11 - 6	9 - 2	8 - 5
3		17 - 7	14 - 2	13 - 6	16 - 1
4		10 - 7	9 - 1	11 - 2	12 - 3
5		13 - 1	18 - 4	10 - 3	14 - 7
6		17 - 5	15 - 7	13 - 8	10 - 9
7		16 - 7	12 - 2	8 - 8	15 - 1
8		10 - 8	18 - 5	12 - 6	11 - 7

	A	B	C	D
1	9 − 2	15 − 1	17 − 5	16 − 9
2	12 − 1	10 − 4	9 − 2	15 − 8
3	11 − 4	18 − 1	12 − 2	14 − 3
4	15 − 8	17 − 1	18 − 2	16 − 5
5	12 − 4	8 − 3	13 − 7	9 − 6
6	10 − 5	14 − 9	15 − 2	18 − 1
7	12 − 5	9 − 6	14 − 7	10 − 1
8	11 − 1	13 − 6	15 − 3	9 − 4

ONE-SHEET-A-DAY MATH DRILLS
GRADE 1 SUBTRACTION - TWO NUMBERS - MONTH 6

	A	B	C	D
1	16 - 3	18 - 2	11 - 1	10 - 6
2	9 - 7	12 - 4	14 - 2	16 - 5
3	11 - 3	9 - 1	12 - 6	14 - 7
4	18 - 5	13 - 3	17 - 2	11 - 4
5	14 - 8	16 - 5	8 - 1	12 - 6
6	18 - 3	14 - 1	15 - 6	8 - 5
7	13 - 4	11 - 2	10 - 5	18 - 6
8	12 - 7	17 - 6	13 - 5	8 - 8

ONE-SHEET-A-DAY MATH DRILLS
GRADE 1 SUBTRACTION - TWO NUMBERS - MONTH 6

	A	B	C	D
1	15 − 6	16 − 4	18 − 1	14 − 3
2	10 − 6	13 − 5	11 − 8	17 − 7
3	14 − 4	8 − 7	10 − 1	9 − 2
4	11 − 3	13 − 6	12 − 1	18 − 4
5	8 − 6	15 − 3	17 − 5	13 − 7
6	16 − 7	10 − 2	12 − 8	8 − 1
7	15 − 5	18 − 8	11 − 6	17 − 7
8	9 − 5	15 − 4	16 − 3	8 − 2

ONE-SHEET-A-DAY MATH DRILLS
GRADE 1 SUBTRACTION - TWO NUMBERS - MONTH 6

	A	B	C	D
1	12 - 7	9 - 3	11 - 9	17 - 4
2	14 - 2	12 - 3	8 - 7	9 - 8
3	18 - 1	14 - 5	16 - 8	10 - 7
4	12 - 4	8 - 3	13 - 7	9 - 6
5	10 - 5	14 - 9	15 - 2	18 - 1
6	12 - 5	9 - 6	14 - 7	10 - 1
7	11 - 1	13 - 6	15 - 3	9 - 4
8	16 - 3	18 - 2	11 - 1	10 - 6

	A	B	C	D
1	9 − 7	12 − 4	14 − 2	16 − 5
2	11 − 3	9 − 1	12 − 6	14 − 7
3	18 − 5	13 − 3	17 − 2	11 − 4
4	14 − 8	16 − 5	8 − 1	12 − 6
5	18 − 3	14 − 1	15 − 6	8 − 5
6	13 − 4	11 − 2	10 − 5	18 − 6
7	12 − 7	17 − 6	13 − 5	8 − 8
8	15 − 6	16 − 4	18 − 1	14 − 3

	A	B	C	D
1	10 - 6	13 - 5	11 - 8	17 - 7
2	14 - 4	8 - 7	10 - 1	9 - 2
3	11 - 3	13 - 6	12 - 1	18 - 4
4	8 - 6	15 - 3	17 - 5	13 - 7
5	16 - 7	10 - 2	12 - 8	8 - 1
6	15 - 5	18 - 8	11 - 6	17 - 7
7	9 - 5	15 - 4	16 - 3	8 - 2
8	12 - 7	9 - 3	11 - 9	17 - 4

ONE-SHEET-A-DAY MATH DRILLS
GRADE 1 SUBTRACTION - TWO NUMBERS - MONTH 6

	A	B	C	D
1	14 − 2	12 − 3	8 − 7	9 − 8
2	18 − 1	14 − 5	16 − 8	10 − 7
3	12 − 4	8 − 3	13 − 7	9 − 6
4	10 − 5	14 − 9	15 − 2	18 − 1
5	12 − 5	9 − 6	14 − 7	10 − 1
6	11 − 1	13 − 6	15 − 3	9 − 4
7	16 − 3	18 − 2	11 − 1	10 − 6
8	9 − 7	12 − 4	14 − 2	16 − 5

ONE-SHEET-A-DAY MATH DRILLS
GRADE 1 SUBTRACTION - TWO NUMBERS - MONTH 6

	A	B	C	D
1	11 − 3	9 − 1	12 − 6	14 − 7
2	18 − 5	13 − 3	17 − 2	11 − 4
3	14 − 8	16 − 5	8 − 1	12 − 6
4	18 − 3	14 − 1	15 − 6	8 − 5
5	13 − 4	11 − 2	10 − 5	18 − 6
6	12 − 7	17 − 6	13 − 5	8 − 8
7	15 − 6	16 − 4	18 − 1	14 − 3
8	10 − 6	13 − 5	11 − 8	17 − 7

ONE-SHEET-A-DAY MATH DRILLS
GRADE 1 SUBTRACTION - TWO NUMBERS - MONTH 6

	A	B	C	D
1	14 − 4	8 − 7	10 − 1	9 − 2
2	11 − 3	13 − 6	12 − 1	18 − 4
3	8 − 6	15 − 3	17 − 5	13 − 7
4	16 − 7	10 − 2	12 − 8	8 − 1
5	15 − 5	18 − 8	11 − 6	17 − 7
6	9 − 5	15 − 4	16 − 3	8 − 2
7	12 − 7	9 − 3	11 − 9	17 − 4
8	14 − 2	12 − 3	8 − 7	9 − 8

SHEET 20   TIME TAKEN:_____MIN

ONE-SHEET-A-DAY MATH DRILLS
GRADE 1 SUBTRACTION - TWO NUMBERS - MONTH 6

SHEET 1	A	B	C	D
1	8	8	4	7
2	1	16	6	9
3	5	5	3	14
4	12	4	9	3
5	7	4	8	9
6	14	8	2	12
7	11	13	14	5
8	8	6	6	6
SHEET 2	A	B	C	D
1	10	7	6	8
2	9	9	14	6
3	8	5	3	5
4	2	7	14	14
5	14	3	2	6
6	16	11	3	7
7	5	2	11	9
8	10	7	1	12
SHEET 3	A	B	C	D
1	4	7	9	2
2	12	4	5	5
3	6	12	12	9
4	16	4	9	8
5	6	3	11	6
6	15	11	9	7
7	1	16	6	9
8	5	5	3	14
SHEET 4	A	B	C	D
1	12	4	9	3
2	7	4	8	9
3	14	8	2	12
4	11	13	14	5
5	8	6	6	6
6	10	7	6	8
7	9	9	14	6
8	8	5	3	5

ONE-SHEET-A-DAY MATH DRILLS
GRADE 1 SUBTRACTION - TWO NUMBERS - MONTH 6

SHEET 5	A	B	C	D
1	2	7	14	14
2	14	3	2	6
3	16	11	3	7
4	5	2	11	9
5	10	7	1	12
6	4	7	9	2
7	12	4	5	5
8	6	12	12	9
SHEET 6	A	B	C	D
1	16	4	9	8
2	6	3	11	6
3	15	11	9	7
4	1	16	6	9
5	5	5	3	14
6	12	4	9	3
7	7	4	8	9
8	14	8	2	12
SHEET 7	A	B	C	D
1	11	13	14	5
2	8	6	6	6
3	10	7	6	8
4	9	9	14	6
5	8	5	3	5
6	2	7	14	14
7	14	3	2	6
8	16	11	3	7
SHEET 8	A	B	C	D
1	5	2	11	9
2	10	7	1	12
3	4	7	9	2
4	12	4	5	5
5	6	12	12	9
6	16	4	9	8
7	6	3	11	6
8	15	11	9	7

ONE-SHEET-A-DAY MATH DRILLS
GRADE 1 SUBTRACTION - TWO NUMBERS - MONTH 6

SHEET 9	A	B	C	D
1	1	16	6	9
2	5	5	3	14
3	12	4	9	3
4	7	4	8	9
5	14	8	2	12
6	11	13	14	5
7	8	6	6	6
8	10	7	6	8
SHEET 10	A	B	C	D
1	9	9	14	6
2	8	5	3	5
3	2	7	14	14
4	14	3	2	6
5	16	11	3	7
6	5	2	11	9
7	10	7	1	12
8	4	7	9	2
SHEET 11	A	B	C	D
1	10	10	5	8
2	11	5	7	3
3	10	12	7	15
4	3	8	9	9
5	12	14	7	7
6	12	8	5	1
7	9	10	0	14
8	2	13	6	4
SHEET 12	A	B	C	D
1	7	14	12	7
2	11	6	7	7
3	7	17	10	11
4	7	16	16	11
5	8	5	6	3
6	5	5	13	17
7	7	3	7	9
8	10	7	12	5

ONE-SHEET-A-DAY MATH DRILLS
GRADE 1 SUBTRACTION - TWO NUMBERS - MONTH 6

SHEET 13	A	B	C	D
1	13	16	10	4
2	2	8	12	11
3	8	8	6	7
4	13	10	15	7
5	6	11	7	6
6	15	13	9	3
7	9	9	5	12
8	5	11	8	0
SHEET 14	A	B	C	D
1	9	12	17	11
2	4	8	3	10
3	10	1	9	7
4	8	7	11	14
5	2	12	12	6
6	9	8	4	7
7	10	10	5	10
8	4	11	13	6
SHEET 15	A	B	C	D
1	5	6	2	13
2	12	9	1	1
3	17	9	8	3
4	8	5	6	3
5	5	5	13	17
6	7	3	7	9
7	10	7	12	5
8	13	16	10	4
SHEET 16	A	B	C	D
1	2	8	12	11
2	8	8	6	7
3	13	10	15	7
4	6	11	7	6
5	15	13	9	3
6	9	9	5	12
7	5	11	8	0
8	9	12	17	11

ONE-SHEET-A-DAY MATH DRILLS
GRADE 1 SUBTRACTION - TWO NUMBERS - MONTH 6

SHEET 17	A	B	C	D
1	4	8	3	10
2	10	1	9	7
3	8	7	11	14
4	2	12	12	6
5	9	8	4	7
6	10	10	5	10
7	4	11	13	6
8	5	6	2	13
SHEET 18	A	B	C	D
1	12	9	1	1
2	17	9	8	3
3	8	5	6	3
4	5	5	13	17
5	7	3	7	9
6	10	7	12	5
7	13	16	10	4
8	2	8	12	11
SHEET 19	A	B	C	D
1	8	8	6	7
2	13	10	15	7
3	6	11	7	6
4	15	13	9	3
5	9	9	5	12
6	5	11	8	0
7	9	12	17	11
8	4	8	3	10
SHEET 20	A	B	C	D
1	10	1	9	7
2	8	7	11	14
3	2	12	12	6
4	9	8	4	7
5	10	10	5	10
6	4	11	13	6
7	5	6	2	13
8	12	9	1	1

	A	B	C	D
1	9 − 2	8 − 1	6 − 3	10 − 5
2	17 − 2	13 − 7	8 − 1	16 − 8
3	11 − 3	7 − 2	6 − 6	10 − 1
4	17 − 5	12 − 8	16 − 7	8 − 6
5	9 − 2	11 − 1	10 − 7	12 − 3
6	15 − 3	6 − 6	17 − 2	13 − 4
7	8 − 1	12 − 4	16 − 2	11 − 6
8	10 − 4	14 − 6	13 − 3	6 − 5

	A	B	C	D
1	17 − 7	15 − 8	10 − 5	9 − 1
2	7 − 7	17 − 6	12 − 3	14 − 4
3	10 − 4	13 − 3	15 − 5	7 − 6
4	6 − 5	14 − 3	17 − 2	16 − 6
5	8 − 6	12 − 1	6 − 2	15 − 3
6	13 − 5	16 − 2	8 − 7	14 − 8
7	9 − 7	11 − 5	16 − 6	15 − 2
8	14 − 3	17 − 6	7 − 1	9 − 2

ONE-SHEET-A-DAY MATH DRILLS
GRADE 1 SUBTRACTION - TWO NUMBERS - MONTH 7

	A	B	C	D
1	16 − 4	13 − 1	12 − 5	7 − 7
2	15 − 2	14 − 3	6 − 4	11 − 5
3	17 − 6	10 − 2	12 − 5	6 − 3
4	13 − 1	15 − 2	8 − 7	7 − 4
5	6 − 1	14 − 5	17 − 3	11 − 2
6	10 − 5	8 − 2	6 − 6	9 − 1
7	16 − 2	17 − 1	11 − 4	8 − 3
8	15 − 8	13 − 3	14 − 6	16 − 1

ONE-SHEET-A-DAY MATH DRILLS
GRADE 1 SUBTRACTION - TWO NUMBERS - MONTH 7

	A	B	C	D
1	17 − 8	12 − 7	8 − 6	13 − 3
2	11 − 1	10 − 2	12 − 7	8 − 3
3	9 − 6	15 − 3	6 − 2	17 − 4
4	8 − 1	12 − 4	16 − 2	11 − 6
5	10 − 4	14 − 6	13 − 3	6 − 5
6	17 − 7	15 − 8	10 − 5	9 − 1
7	7 − 7	17 − 6	12 − 3	14 − 4
8	10 − 4	13 − 3	15 − 5	7 − 6

SHEET 4

TIME TAKEN:_____MIN

ONE-SHEET-A-DAY MATH DRILLS
GRADE 1 SUBTRACTION - TWO NUMBERS - MONTH 7

	A	B	C	D
1	6 - 5	14 - 3	17 - 2	16 - 6
2	8 - 6	12 - 1	6 - 2	15 - 3
3	13 - 5	16 - 2	8 - 7	14 - 8
4	9 - 7	11 - 5	16 - 6	15 - 2
5	14 - 3	17 - 6	7 - 1	9 - 2
6	16 - 4	13 - 1	12 - 5	7 - 7
7	15 - 2	14 - 3	6 - 4	11 - 5
8	17 - 6	10 - 2	12 - 5	6 - 3

ONE-SHEET-A-DAY MATH DRILLS
GRADE 1 SUBTRACTION - TWO NUMBERS - MONTH 7

	A	B	C	D
1	13 − 1	15 − 2	8 − 7	7 − 4
2	6 − 1	14 − 5	17 − 3	11 − 2
3	10 − 5	8 − 2	6 − 6	9 − 1
4	16 − 2	17 − 1	11 − 4	8 − 3
5	15 − 8	13 − 3	14 − 6	16 − 1
6	17 − 8	12 − 7	8 − 6	13 − 3
7	11 − 1	10 − 2	12 − 7	8 − 3
8	9 − 6	15 − 3	6 − 2	17 − 4

SHEET 6 TIME TAKEN:_____MIN

	A	B	C	D
1	8 − 1	12 − 4	16 − 2	11 − 6
2	10 − 4	14 − 6	13 − 3	6 − 5
3	17 − 7	15 − 8	10 − 5	9 − 1
4	7 − 7	17 − 6	12 − 3	14 − 4
5	10 − 4	13 − 3	15 − 5	7 − 6
6	6 − 5	14 − 3	17 − 2	16 − 6
7	8 − 6	12 − 1	6 − 2	15 − 3
8	13 − 5	16 − 2	8 − 7	14 − 8

ONE-SHEET-A-DAY MATH DRILLS
GRADE 1 SUBTRACTION - TWO NUMBERS - MONTH 7

	A	B	C	D
1	9 - 7	11 - 5	16 - 6	15 - 2
2	14 - 3	17 - 6	7 - 1	9 - 2
3	16 - 4	13 - 1	12 - 5	7 - 7
4	15 - 2	14 - 3	6 - 4	11 - 5
5	17 - 6	10 - 2	12 - 5	6 - 3
6	13 - 1	15 - 2	8 - 7	7 - 4
7	6 - 1	14 - 5	17 - 3	11 - 2
8	10 - 5	8 - 2	6 - 6	9 - 1

SHEET 8   TIME TAKEN:_____MIN

	A	B	C	D
1	16 − 2	17 − 1	11 − 4	8 − 3
2	15 − 8	13 − 3	14 − 6	16 − 1
3	17 − 8	12 − 7	8 − 6	13 − 3
4	11 − 1	10 − 2	12 − 7	8 − 3
5	9 − 6	15 − 3	6 − 2	17 − 4
6	8 − 1	12 − 4	16 − 2	11 − 6
7	10 − 4	14 − 6	13 − 3	6 − 5
8	17 − 7	15 − 8	10 − 5	9 − 1

ONE-SHEET-A-DAY MATH DRILLS
GRADE 1 SUBTRACTION - TWO NUMBERS - MONTH 7

	A	B	C	D
1	7 − 7	17 − 6	12 − 3	14 − 4
2	10 − 4	13 − 3	15 − 5	7 − 6
3	6 − 5	14 − 3	17 − 2	16 − 6
4	8 − 6	12 − 1	6 − 2	15 − 3
5	13 − 5	16 − 2	8 − 7	14 − 8
6	9 − 7	11 − 5	16 − 6	15 − 2
7	14 − 3	17 − 6	7 − 1	9 − 2
8	16 − 4	13 − 1	12 − 5	7 − 7

ONE-SHEET-A-DAY MATH DRILLS
GRADE 1 SUBTRACTION - TWO NUMBERS - MONTH 7

	A	B	C	D
1	17 − 2	16 − 6	14 − 4	6 − 3
2	12 − 6	15 − 2	10 − 8	11 − 7
3	14 − 8	18 − 4	17 − 6	10 − 5
4	13 − 3	7 − 6	11 − 5	16 − 2
5	6 − 5	14 − 6	18 − 3	17 − 4
6	9 − 6	11 − 2	16 − 7	7 − 4
7	6 − 2	18 − 6	9 − 5	14 − 4
8	13 − 6	17 − 5	8 − 2	10 − 8

ONE-SHEET-A-DAY MATH DRILLS
GRADE 1 SUBTRACTION - TWO NUMBERS - MONTH 7

	A	B	C	D
1	11 − 4	18 − 5	7 − 3	15 − 7
2	6 − 3	17 − 4	13 − 6	8 − 5
3	7 − 4	11 − 7	17 − 3	13 − 5
4	9 − 7	15 − 9	11 − 3	14 − 5
5	17 − 8	9 − 5	8 − 6	16 − 2
6	12 − 4	11 − 5	10 − 8	8 − 6
7	9 − 4	15 − 7	17 − 6	12 − 8
8	11 − 3	8 − 7	15 − 2	17 − 5

SHEET 12 TIME TAKEN:_____MIN

	A	B	C	D
1	12 - 6	11 - 2	10 - 7	14 - 9
2	6 - 6	18 - 3	8 - 4	12 - 2
3	15 - 3	17 - 8	9 - 7	11 - 5
4	10 - 4	12 - 7	7 - 6	13 - 2
5	14 - 6	8 - 2	17 - 8	16 - 7
6	7 - 5	12 - 7	9 - 6	8 - 2
7	16 - 9	15 - 4	14 - 8	18 - 6
8	13 - 7	17 - 6	9 - 3	12 - 5

ONE-SHEET-A-DAY MATH DRILLS
GRADE 1 SUBTRACTION - TWO NUMBERS - MONTH 7

	A	B	C	D
1	16 − 3	8 − 8	13 − 2	11 − 7
2	14 − 5	18 − 6	6 − 3	17 − 4
3	9 − 6	11 − 2	16 − 7	7 − 4
4	6 − 2	18 − 6	9 − 5	14 − 4
5	13 − 6	17 − 5	8 − 2	10 − 8
6	11 − 4	18 − 5	7 − 3	15 − 7
7	6 − 3	17 − 4	13 − 6	8 − 5
8	7 − 4	11 − 7	17 − 3	13 − 5

Universal-Publishers.com - For personal use only.

ONE-SHEET-A-DAY MATH DRILLS
GRADE 1 SUBTRACTION - TWO NUMBERS - MONTH 7

	A	B	C	D
1	9 − 7	15 − 9	11 − 3	14 − 5
2	17 − 8	9 − 5	8 − 6	16 − 2
3	12 − 4	11 − 5	10 − 8	8 − 6
4	9 − 4	15 − 7	17 − 6	12 − 8
5	11 − 3	8 − 7	15 − 2	17 − 5
6	12 − 6	11 − 2	10 − 7	14 − 9
7	6 − 6	18 − 3	8 − 4	12 − 2
8	15 − 3	17 − 8	9 − 7	11 − 5

ONE-SHEET-A-DAY MATH DRILLS
GRADE 1 SUBTRACTION - TWO NUMBERS - MONTH 7

	A	**B**	**C**	**D**
1	10 - 4	12 - 7	7 - 6	13 - 2
2	14 - 6	8 - 2	17 - 8	16 - 7
3	7 - 5	12 - 7	9 - 6	8 - 2
4	16 - 9	15 - 4	14 - 8	18 - 6
5	13 - 7	17 - 6	9 - 3	12 - 5
6	16 - 3	8 - 8	13 - 2	11 - 7
7	14 - 5	18 - 6	6 - 3	17 - 4
8	9 - 6	11 - 2	16 - 7	7 - 4

SHEET 16 TIME TAKEN:_____MIN

ONE-SHEET-A-DAY MATH DRILLS
GRADE 1 SUBTRACTION - TWO NUMBERS - MONTH 7

	A	B	C	D
1	6 − 2	18 − 6	9 − 5	14 − 4
2	13 − 6	17 − 5	8 − 2	10 − 8
3	11 − 4	18 − 5	7 − 3	15 − 7
4	6 − 3	17 − 4	13 − 6	8 − 5
5	7 − 4	11 − 7	17 − 3	13 − 5
6	9 − 7	15 − 9	11 − 3	14 − 5
7	17 − 8	9 − 5	8 − 6	16 − 2
8	12 − 4	11 − 5	10 − 8	8 − 6

ONE-SHEET-A-DAY MATH DRILLS
GRADE 1 SUBTRACTION - TWO NUMBERS - MONTH 7

	A	B	C	D
1	9 − 4	15 − 7	17 − 6	12 − 8
2	11 − 3	8 − 7	15 − 2	17 − 5
3	12 − 6	11 − 2	10 − 7	14 − 9
4	6 − 6	18 − 3	8 − 4	12 − 2
5	15 − 3	17 − 8	9 − 7	11 − 5
6	10 − 4	12 − 7	7 − 6	13 − 2
7	14 − 6	8 − 2	17 − 8	16 − 7
8	7 − 5	12 − 7	9 − 6	8 − 2

	A	B	C	D
1	16 − 9	15 − 4	14 − 8	18 − 6
2	13 − 7	17 − 6	9 − 3	12 − 5
3	16 − 3	8 − 8	13 − 2	11 − 7
4	14 − 5	18 − 6	6 − 3	17 − 4
5	9 − 6	11 − 2	16 − 7	7 − 4
6	6 − 2	18 − 6	9 − 5	14 − 4
7	13 − 6	17 − 5	8 − 2	10 − 8
8	11 − 4	18 − 5	7 − 3	15 − 7

ONE-SHEET-A-DAY MATH DRILLS
GRADE 1 SUBTRACTION - TWO NUMBERS - MONTH 7

	A	B	C	D
1	6 − 3	17 − 4	13 − 6	8 − 5
2	7 − 4	11 − 7	17 − 3	13 − 5
3	9 − 7	15 − 9	11 − 3	14 − 5
4	17 − 8	9 − 5	8 − 6	16 − 2
5	12 − 4	11 − 5	10 − 8	8 − 6
6	9 − 4	15 − 7	17 − 6	12 − 8
7	11 − 3	8 − 7	15 − 2	17 − 5
8	12 − 6	11 − 2	10 − 7	14 − 9

ONE-SHEET-A-DAY MATH DRILLS
GRADE 1 SUBTRACTION - TWO NUMBERS - MONTH 7

SHEET 1	A	B	C	D
1	7	7	3	5
2	15	6	7	8
3	8	5	0	9
4	12	4	9	2
5	7	10	3	9
6	12	0	15	9
7	7	8	14	5
8	6	8	10	1

SHEET 2	A	B	C	D
1	10	7	5	8
2	0	11	9	10
3	6	10	10	1
4	1	11	15	10
5	2	11	4	12
6	8	14	1	6
7	2	6	10	13
8	11	11	6	7

SHEET 3	A	B	C	D
1	12	12	7	0
2	13	11	2	6
3	11	8	7	3
4	12	13	1	3
5	5	9	14	9
6	5	6	0	8
7	14	16	7	5
8	7	10	8	15

SHEET 4	A	B	C	D
1	9	5	2	10
2	10	8	5	5
3	3	12	4	13
4	7	8	14	5
5	6	8	10	1
6	10	7	5	8
7	0	11	9	10
8	6	10	10	1

ONE-SHEET-A-DAY MATH DRILLS
GRADE 1 SUBTRACTION - TWO NUMBERS - MONTH 7

SHEET 5	A	B	C	D
1	1	11	15	10
2	2	11	4	12
3	8	14	1	6
4	2	6	10	13
5	11	11	6	7
6	12	12	7	0
7	13	11	2	6
8	11	8	7	3
SHEET 6	A	B	C	D
1	12	13	1	3
2	5	9	14	9
3	5	6	0	8
4	14	16	7	5
5	7	10	8	15
6	9	5	2	10
7	10	8	5	5
8	3	12	4	13
SHEET 7	A	B	C	D
1	7	8	14	5
2	6	8	10	1
3	10	7	5	8
4	0	11	9	10
5	6	10	10	1
6	1	11	15	10
7	2	11	4	12
8	8	14	1	6
SHEET 8	A	B	C	D
1	2	6	10	13
2	11	11	6	7
3	12	12	7	0
4	13	11	2	6
5	11	8	7	3
6	12	13	1	3
7	5	9	14	9
8	5	6	0	8

ANSWER KEY 2

SHEET 9	A	B	C	D
1	14	16	7	5
2	7	10	8	15
3	9	5	2	10
4	10	8	5	5
5	3	12	4	13
6	7	8	14	5
7	6	8	10	1
8	10	7	5	8
SHEET 10	A	B	C	D
1	0	11	9	10
2	6	10	10	1
3	1	11	15	10
4	2	11	4	12
5	8	14	1	6
6	2	6	10	13
7	11	11	6	7
8	12	12	7	0
SHEET 11	A	B	C	D
1	15	10	10	3
2	6	13	2	4
3	6	14	11	5
4	10	1	6	14
5	1	8	15	13
6	3	9	9	3
7	4	12	4	10
8	7	12	6	2
SHEET 12	A	B	C	D
1	7	13	4	8
2	3	13	7	3
3	3	4	14	8
4	2	6	8	9
5	9	4	2	14
6	8	6	2	2
7	5	8	11	4
8	8	1	13	12

ONE-SHEET-A-DAY MATH DRILLS
GRADE 1 SUBTRACTION - TWO NUMBERS - MONTH 7

SHEET 13	A	B	C	D
1	6	9	3	5
2	0	15	4	10
3	12	9	2	6
4	6	5	1	11
5	8	6	9	9
6	2	5	3	6
7	7	11	6	12
8	6	11	6	7
SHEET 14	A	B	C	D
1	13	0	11	4
2	9	12	3	13
3	3	9	9	3
4	4	12	4	10
5	7	12	6	2
6	7	13	4	8
7	3	13	7	3
8	3	4	14	8
SHEET 15	A	B	C	D
1	2	6	8	9
2	9	4	2	14
3	8	6	2	2
4	5	8	11	4
5	8	1	13	12
6	6	9	3	5
7	0	15	4	10
8	12	9	2	6
SHEET 16	A	B	C	D
1	6	5	1	11
2	8	6	9	9
3	2	5	3	6
4	7	11	6	12
5	6	11	6	7
6	13	0	11	4
7	9	12	3	13
8	3	9	9	3

ONE-SHEET-A-DAY MATH DRILLS
GRADE 1 SUBTRACTION - TWO NUMBERS - MONTH 7

SHEET 17	A	B	C	D
1	4	12	4	10
2	7	12	6	2
3	7	13	4	8
4	3	13	7	3
5	3	4	14	8
6	2	6	8	9
7	9	4	2	14
8	8	6	2	2
SHEET 18	A	B	C	D
1	5	8	11	4
2	8	1	13	12
3	6	9	3	5
4	0	15	4	10
5	12	9	2	6
6	6	5	1	11
7	8	6	9	9
8	2	5	3	6
SHEET 19	A	B	C	D
1	7	11	6	12
2	6	11	6	7
3	13	0	11	4
4	9	12	3	13
5	3	9	9	3
6	4	12	4	10
7	7	12	6	2
8	7	13	4	8
SHEET 20	A	B	C	D
1	3	13	7	3
2	3	4	14	8
3	2	6	8	9
4	9	4	2	14
5	8	6	2	2
6	5	8	11	4
7	8	1	13	12
8	6	9	3	5

ONE-SHEET-A-DAY MATH DRILLS
GRADE 1 SUBTRACTION - TWO NUMBERS - MONTH 8

	A	B	C	D
1	14 − 6	13 − 4	10 − 7	15 − 8
2	12 − 5	9 − 2	5 − 3	8 − 4
3	15 − 1	14 − 2	7 − 3	12 − 4
4	13 − 4	6 − 2	8 − 6	11 − 3
5	5 − 5	13 − 2	15 − 4	16 − 3
6	14 − 2	6 − 4	13 − 3	5 − 5
7	15 − 1	12 − 5	6 − 4	13 − 2
8	9 − 2	14 − 3	4 − 4	10 − 1

ONE-SHEET-A-DAY MATH DRILLS
GRADE 1 SUBTRACTION - TWO NUMBERS - MONTH 8

	A	**B**	**C**	**D**
1	7 − 1	13 − 2	15 − 3	4 − 4
2	6 − 2	9 − 4	8 − 6	7 − 5
3	13 − 4	4 − 1	10 − 2	5 − 3
4	11 − 6	13 − 2	6 − 3	12 − 1
5	8 − 2	5 − 1	9 − 5	7 − 3
6	6 − 3	11 − 5	10 − 4	12 − 2
7	16 − 3	14 − 4	15 − 1	5 − 5
8	13 − 3	7 − 2	4 − 4	12 − 1

ONE-SHEET-A-DAY MATH DRILLS
GRADE 1 SUBTRACTION - TWO NUMBERS - MONTH 8

	A	B	C	D
1	10 − 4	11 − 5	16 − 3	5 − 1
2	12 − 2	8 − 3	7 − 6	11 − 5
3	10 − 5	15 − 1	14 − 2	7 − 3
4	9 − 4	13 − 2	6 − 6	8 − 3
5	5 − 5	15 − 2	16 − 4	13 − 3
6	14 − 4	6 − 3	5 − 5	8 − 1
7	13 − 1	16 − 5	14 − 4	6 − 2
8	9 − 3	4 − 4	10 − 2	7 − 1

ONE-SHEET-A-DAY MATH DRILLS
GRADE 1 SUBTRACTION - TWO NUMBERS - MONTH 8

	A	B	C	D
1	13 − 1	15 − 2	4 − 3	11 − 4
2	6 − 2	9 − 4	8 − 1	4 − 3
3	10 − 5	11 − 6	13 − 2	6 − 3
4	14 − 2	16 − 3	8 − 1	7 − 5
5	6 − 1	5 − 5	9 − 3	8 − 4
6	12 − 4	14 − 3	4 − 2	11 − 1
7	10 − 3	16 − 7	14 − 4	15 − 1
8	13 − 2	4 − 3	12 − 4	5 − 1

SHEET 4 TIME TAKEN:_____MIN

	A	B	C	D
1	10 − 6	11 − 4	16 − 8	14 − 7
2	12 − 5	9 − 2	5 − 3	8 − 4
3	15 − 1	14 − 2	7 − 3	12 − 4
4	13 − 4	6 − 2	8 − 6	11 − 3
5	5 − 5	13 − 2	15 − 4	16 − 3
6	14 − 2	6 − 4	13 − 3	5 − 5
7	15 − 1	12 − 5	6 − 4	13 − 2
8	9 − 2	14 − 3	4 − 4	10 − 1

ONE-SHEET-A-DAY MATH DRILLS
GRADE 1 SUBTRACTION - TWO NUMBERS - MONTH 8

	A	B	C	D
1	7 − 1	13 − 2	15 − 3	4 − 4
2	6 − 2	9 − 4	8 − 6	7 − 5
3	13 − 4	4 − 1	10 − 2	5 − 3
4	11 − 6	13 − 2	6 − 3	12 − 1
5	8 − 2	5 − 1	9 − 5	7 − 3
6	6 − 3	11 − 5	10 − 4	12 − 2
7	16 − 3	14 − 4	15 − 1	5 − 5
8	13 − 3	7 − 2	4 − 4	12 − 1

                                       TIME TAKEN:_____MIN

ONE-SHEET-A-DAY MATH DRILLS
GRADE 1 SUBTRACTION - TWO NUMBERS - MONTH 8

	A	B	C	D
1	10 − 4	11 − 5	16 − 3	5 − 1
2	12 − 2	8 − 3	7 − 6	11 − 5
3	10 − 5	15 − 1	14 − 2	7 − 3
4	9 − 4	13 − 2	6 − 6	8 − 3
5	5 − 5	15 − 2	16 − 4	13 − 3
6	14 − 4	6 − 3	5 − 5	8 − 1
7	13 − 1	16 − 5	14 − 4	6 − 2
8	9 − 3	4 − 4	10 − 2	7 − 1

ONE-SHEET-A-DAY MATH DRILLS
GRADE 1 SUBTRACTION - TWO NUMBERS - MONTH 8

	A	B	C	D
1	13 − 1	15 − 2	4 − 3	11 − 4
2	6 − 2	9 − 4	8 − 1	4 − 3
3	10 − 5	11 − 6	13 − 2	6 − 3
4	14 − 2	16 − 3	8 − 1	7 − 5
5	6 − 1	5 − 5	9 − 3	8 − 4
6	12 − 4	14 − 3	4 − 2	11 − 1
7	10 − 3	16 − 7	14 − 4	15 − 1
8	13 − 2	4 − 3	12 − 4	5 − 1

ONE-SHEET-A-DAY MATH DRILLS
GRADE 1 SUBTRACTION - TWO NUMBERS - MONTH 8

	A	B	C	D
1	10 − 6	11 − 4	16 − 8	14 − 7
2	12 − 5	9 − 2	5 − 3	8 − 4
3	15 − 1	14 − 2	7 − 3	12 − 4
4	13 − 4	6 − 2	8 − 6	11 − 3
5	5 − 5	13 − 2	15 − 4	16 − 3
6	14 − 2	6 − 4	13 − 3	5 − 5
7	15 − 1	12 − 5	6 − 4	13 − 2
8	9 − 2	14 − 3	4 − 4	10 − 1

ONE-SHEET-A-DAY MATH DRILLS
GRADE 1 SUBTRACTION - TWO NUMBERS - MONTH 8

	A	B	C	D
1	7 − 1	13 − 2	15 − 3	4 − 4
2	6 − 2	9 − 4	8 − 6	7 − 5
3	13 − 4	4 − 1	10 − 2	5 − 3
4	11 − 6	13 − 2	6 − 3	12 − 1
5	8 − 2	5 − 1	9 − 5	7 − 3
6	6 − 3	11 − 5	10 − 4	12 − 2
7	16 − 3	14 − 4	15 − 1	5 − 5
8	13 − 3	7 − 2	4 − 4	12 − 1

	A	B	C	D
1	5 - 2	17 - 5	14 - 3	6 - 4
2	15 - 7	12 - 6	13 - 4	16 - 8
3	9 - 6	11 - 8	10 - 3	13 - 5
4	15 - 2	8 - 6	12 - 5	16 - 3
5	17 - 4	6 - 6	7 - 1	15 - 5
6	9 - 3	5 - 4	10 - 1	17 - 2
7	13 - 4	7 - 1	15 - 3	6 - 6
8	11 - 2	10 - 4	13 - 5	5 - 3

ONE-SHEET-A-DAY MATH DRILLS
GRADE 1 SUBTRACTION - TWO NUMBERS - MONTH 8

	A	B	C	D
1	17 − 3	6 − 4	8 − 1	15 − 6
2	9 − 5	14 − 2	10 − 4	13 − 6
3	17 − 6	11 − 2	16 − 4	8 − 3
4	14 − 6	10 − 7	15 − 8	11 − 2
5	12 − 2	14 − 7	17 − 8	10 − 4
6	13 − 5	5 − 4	7 − 2	17 − 3
7	12 − 4	16 − 3	10 − 7	14 − 8
8	13 − 5	15 − 2	16 − 7	12 − 1

ONE-SHEET-A-DAY MATH DRILLS
GRADE 1 SUBTRACTION - TWO NUMBERS - MONTH 8

	A	B	C	D
1	8 − 1	10 − 7	15 − 2	14 − 5
2	13 − 3	5 − 2	6 − 4	8 − 5
3	11 − 3	13 − 6	7 − 7	14 − 1
4	9 − 2	5 − 5	17 − 3	6 − 4
5	15 − 7	12 − 6	13 − 4	16 − 8
6	9 − 6	11 − 8	10 − 3	13 − 5
7	15 − 2	8 − 6	12 − 5	16 − 3
8	17 − 4	6 − 6	7 − 1	15 − 5

ONE-SHEET-A-DAY MATH DRILLS
GRADE 1 SUBTRACTION - TWO NUMBERS - MONTH 8

	A	B	C	D
1	9 − 3	5 − 4	10 − 1	17 − 2
2	13 − 4	7 − 1	15 − 3	6 − 6
3	11 − 2	10 − 4	13 − 5	5 − 3
4	17 − 3	6 − 4	8 − 1	15 − 6
5	9 − 5	14 − 2	10 − 4	13 − 6
6	17 − 6	11 − 2	16 − 4	8 − 3
7	14 − 6	10 − 7	15 − 8	11 − 2
8	12 − 2	14 − 7	17 − 8	10 − 4

SHEET 14 TIME TAKEN:_____MIN

ONE-SHEET-A-DAY MATH DRILLS
GRADE 1 SUBTRACTION - TWO NUMBERS - MONTH 8

	A	B	C	D
1	13 − 5	5 − 4	7 − 2	17 − 3
2	12 − 4	16 − 3	10 − 7	14 − 8
3	13 − 5	15 − 2	16 − 7	12 − 1
4	8 − 1	10 − 7	15 − 2	14 − 5
5	13 − 3	5 − 2	6 − 4	8 − 5
6	11 − 3	13 − 6	7 − 7	14 − 1
7	9 − 2	5 − 5	17 − 3	6 − 4
8	15 − 7	12 − 6	13 − 4	16 − 8

ONE-SHEET-A-DAY MATH DRILLS
GRADE 1 SUBTRACTION - TWO NUMBERS - MONTH 8

	A	B	C	D
1	9 − 6	11 − 8	10 − 3	13 − 5
2	15 − 2	8 − 6	12 − 5	16 − 3
3	17 − 4	6 − 6	7 − 1	15 − 5
4	9 − 3	5 − 4	10 − 1	17 − 2
5	13 − 4	7 − 1	15 − 3	6 − 6
6	11 − 2	10 − 4	13 − 5	5 − 3
7	17 − 3	6 − 4	8 − 1	15 − 6
8	9 − 5	14 − 2	10 − 4	13 − 6

	A	B	C	D
1	17 − 6	11 − 2	16 − 4	8 − 3
2	14 − 6	10 − 7	15 − 8	11 − 2
3	12 − 2	14 − 7	17 − 8	10 − 4
4	13 − 5	5 − 4	7 − 2	17 − 3
5	12 − 4	16 − 3	10 − 7	14 − 8
6	13 − 5	15 − 2	16 − 7	12 − 1
7	8 − 1	10 − 7	15 − 2	14 − 5
8	13 − 3	5 − 2	6 − 4	8 − 5

ONE-SHEET-A-DAY MATH DRILLS
GRADE 1 SUBTRACTION - TWO NUMBERS - MONTH 8

	A	B	C	D
1	11 − 3	13 − 6	7 − 7	14 − 1
2	9 − 2	5 − 5	17 − 3	6 − 4
3	15 − 7	12 − 6	13 − 4	16 − 8
4	9 − 6	11 − 8	10 − 3	13 − 5
5	15 − 2	8 − 6	12 − 5	16 − 3
6	17 − 4	6 − 6	7 − 1	15 − 5
7	9 − 3	5 − 4	10 − 1	17 − 2
8	13 − 4	7 − 1	15 − 3	6 − 6

	A	B	C	D
1	11 − 2	10 − 4	13 − 5	5 − 3
2	17 − 3	6 − 4	8 − 1	15 − 6
3	9 − 5	14 − 2	10 − 4	13 − 6
4	17 − 6	11 − 2	16 − 4	8 − 3
5	14 − 6	10 − 7	15 − 8	11 − 2
6	12 − 2	14 − 7	17 − 8	10 − 4
7	13 − 5	5 − 4	7 − 2	17 − 3
8	12 − 4	16 − 3	10 − 7	14 − 8

		A	B	C	D
1		13 − 5	15 − 2	16 − 7	12 − 1
2		8 − 1	10 − 7	15 − 2	14 − 5
3		13 − 3	5 − 2	6 − 4	8 − 5
4		11 − 3	13 − 6	7 − 7	14 − 1
5		9 − 2	5 − 5	17 − 3	6 − 4
6		15 − 7	12 − 6	13 − 4	16 − 8
7		9 − 6	11 − 8	10 − 3	13 − 5
8		15 − 2	8 − 6	12 − 5	16 − 3

ONE-SHEET-A-DAY MATH DRILLS
GRADE 1 SUBTRACTION - TWO NUMBERS - MONTH 8

SHEET 1	A	B	C	D
1	8	9	3	7
2	7	7	2	4
3	14	12	4	8
4	9	4	2	8
5	0	11	11	13
6	12	2	10	0
7	14	7	2	11
8	7	11	0	9

SHEET 2	A	B	C	D
1	6	11	12	0
2	4	5	2	2
3	9	3	8	2
4	5	11	3	11
5	6	4	4	4
6	3	6	6	10
7	13	10	14	0
8	10	5	0	11

SHEET 3	A	B	C	D
1	6	6	13	4
2	10	5	1	6
3	5	14	12	4
4	5	11	0	5
5	0	13	12	10
6	10	3	0	7
7	12	11	10	4
8	6	0	8	6

SHEET 4	A	B	C	D
1	12	13	1	7
2	4	5	7	1
3	5	5	11	3
4	12	13	7	2
5	5	0	6	4
6	8	11	2	10
7	7	9	10	14
8	11	1	8	4

ONE-SHEET-A-DAY MATH DRILLS
GRADE 1 SUBTRACTION - TWO NUMBERS - MONTH 8

SHEET 5	A	B	C	D
1	4	7	8	7
2	7	7	2	4
3	14	12	4	8
4	9	4	2	8
5	0	11	11	13
6	12	2	10	0
7	14	7	2	11
8	7	11	0	9
SHEET 6	A	B	C	D
1	6	11	12	0
2	4	5	2	2
3	9	3	8	2
4	5	11	3	11
5	6	4	4	4
6	3	6	6	10
7	13	10	14	0
8	10	5	0	11
SHEET 7	A	B	C	D
1	6	6	13	4
2	10	5	1	6
3	5	14	12	4
4	5	11	0	5
5	0	13	12	10
6	10	3	0	7
7	12	11	10	4
8	6	0	8	6
SHEET 8	A	B	C	D
1	12	13	1	7
2	4	5	7	1
3	5	5	11	3
4	12	13	7	2
5	5	0	6	4
6	8	11	2	10
7	7	9	10	14
8	11	1	8	4

ONE-SHEET-A-DAY MATH DRILLS
GRADE 1 SUBTRACTION - TWO NUMBERS - MONTH 8

SHEET 9	A	B	C	D
1	4	7	8	7
2	7	7	2	4
3	14	12	4	8
4	9	4	2	8
5	0	11	11	13
6	12	2	10	0
7	14	7	2	11
8	7	11	0	9
SHEET 10	A	B	C	D
1	6	11	12	0
2	4	5	2	2
3	9	3	8	2
4	5	11	3	11
5	6	4	4	4
6	3	6	6	10
7	13	10	14	0
8	10	5	0	11
SHEET 11	A	B	C	D
1	3	12	11	2
2	8	6	9	8
3	3	3	7	8
4	13	2	7	13
5	13	0	6	10
6	6	1	9	15
7	9	6	12	0
8	9	6	8	2
SHEET 12	A	B	C	D
1	14	2	7	9
2	4	12	6	7
3	11	9	12	5
4	8	3	7	9
5	10	7	9	6
6	8	1	5	14
7	8	13	3	6
8	8	13	9	11

ONE-SHEET-A-DAY MATH DRILLS
GRADE 1 SUBTRACTION - TWO NUMBERS - MONTH 8

SHEET 13	A	B	C	D
1	7	3	13	9
2	10	3	2	3
3	8	7	0	13
4	7	0	14	2
5	8	6	9	8
6	3	3	7	8
7	13	2	7	13
8	13	0	6	10
SHEET 14	A	B	C	D
1	6	1	9	15
2	9	6	12	0
3	9	6	8	2
4	14	2	7	9
5	4	12	6	7
6	11	9	12	5
7	8	3	7	9
8	10	7	9	6
SHEET 15	A	B	C	D
1	8	1	5	14
2	8	13	3	6
3	8	13	9	11
4	7	3	13	9
5	10	3	2	3
6	8	7	0	13
7	7	0	14	2
8	8	6	9	8
SHEET 16	A	B	C	D
1	3	3	7	8
2	13	2	7	13
3	13	0	6	10
4	6	1	9	15
5	9	6	12	0
6	9	6	8	2
7	14	2	7	9
8	4	12	6	7

ANSWER KEY 4

ONE-SHEET-A-DAY MATH DRILLS
GRADE 1 SUBTRACTION - TWO NUMBERS - MONTH 8

SHEET 17	A	B	C	D
1	11	9	12	5
2	8	3	7	9
3	10	7	9	6
4	8	1	5	14
5	8	13	3	6
6	8	13	9	11
7	7	3	13	9
8	10	3	2	3
SHEET 18	A	B	C	D
1	8	7	0	13
2	7	0	14	2
3	8	6	9	8
4	3	3	7	8
5	13	2	7	13
6	13	0	6	10
7	6	1	9	15
8	9	6	12	0
SHEET 19	A	B	C	D
1	9	6	8	2
2	14	2	7	9
3	4	12	6	7
4	11	9	12	5
5	8	3	7	9
6	10	7	9	6
7	8	1	5	14
8	8	13	3	6
SHEET 20	A	B	C	D
1	8	13	9	11
2	7	3	13	9
3	10	3	2	3
4	8	7	0	13
5	7	0	14	2
6	8	6	9	8
7	3	3	7	8
8	13	2	7	13

ONE-SHEET-A-DAY MATH DRILLS
GRADE 1 SUBTRACTION - TWO NUMBERS - MONTH 9

	A	B	C	D
1	8 − 1	7 − 2	18 − 4	10 − 5
2	13 − 3	16 − 1	6 − 2	15 − 6
3	14 − 5	17 − 7	18 − 8	8 − 4
4	16 − 7	7 − 5	12 − 1	17 − 3
5	10 − 1	11 − 2	7 − 3	5 − 5
6	8 − 7	9 − 1	14 − 4	13 − 8
7	11 − 3	17 − 1	10 − 2	5 − 5
8	13 − 6	11 − 8	17 − 2	15 − 4

ONE-SHEET-A-DAY MATH DRILLS
GRADE 1 SUBTRACTION - TWO NUMBERS - MONTH 9

	A	B	C	D
1	18 − 7	14 − 4	9 − 8	8 − 1
2	17 − 6	12 − 7	14 − 2	15 − 3
3	11 − 6	6 − 5	9 − 3	13 − 1
4	17 − 4	12 − 2	5 − 1	16 − 5
5	18 − 2	14 − 5	6 − 1	15 − 3
6	8 − 7	16 − 1	12 − 5	14 − 8
7	15 − 2	13 − 5	6 − 6	8 − 1
8	16 − 4	12 − 3	5 − 2	10 − 5

SHEET 2 TIME TAKEN:_____MIN

ONE-SHEET-A-DAY MATH DRILLS
GRADE 1 SUBTRACTION - TWO NUMBERS - MONTH 9

	A	B	C	D
1	17 − 5	9 − 1	12 − 4	18 − 2
2	13 − 1	15 − 4	7 − 3	5 − 5
3	8 − 2	18 − 4	10 − 1	7 − 5
4	13 − 3	16 − 1	6 − 2	15 − 6
5	14 − 5	17 − 7	18 − 8	8 − 4
6	16 − 7	7 − 5	12 − 1	17 − 3
7	10 − 1	11 − 2	7 − 3	5 − 5
8	8 − 7	9 − 1	14 − 4	13 − 8

ONE-SHEET-A-DAY MATH DRILLS
GRADE 1 SUBTRACTION - TWO NUMBERS - MONTH 9

	A	B	C	D
1	11 − 3	17 − 1	10 − 2	5 − 5
2	13 − 6	11 − 8	17 − 2	15 − 4
3	18 − 7	14 − 4	9 − 8	8 − 1
4	17 − 6	12 − 7	14 − 2	15 − 3
5	11 − 6	6 − 5	9 − 3	13 − 1
6	17 − 4	12 − 2	5 − 1	16 − 5
7	18 − 2	14 − 5	6 − 1	15 − 3
8	8 − 7	16 − 1	12 − 5	14 − 8

SHEET 4 TIME TAKEN:_____MIN

ONE-SHEET-A-DAY MATH DRILLS
GRADE 1 SUBTRACTION - TWO NUMBERS - MONTH 9

	A	B	C	D
1	15 − 2	13 − 5	6 − 6	8 − 1
2	16 − 4	12 − 3	5 − 2	10 − 5
3	17 − 5	9 − 1	12 − 4	18 − 2
4	13 − 1	15 − 4	7 − 3	5 − 5
5	8 − 2	18 − 4	10 − 1	7 − 5
6	13 − 3	16 − 1	6 − 2	15 − 6
7	14 − 5	17 − 7	18 − 8	8 − 4
8	16 − 7	7 − 5	12 − 1	17 − 3

ONE-SHEET-A-DAY MATH DRILLS
GRADE 1 SUBTRACTION - TWO NUMBERS - MONTH 9

	A	B	C	D
1	10 − 1	11 − 2	7 − 3	5 − 5
2	8 − 7	9 − 1	14 − 4	13 − 8
3	11 − 3	17 − 1	10 − 2	5 − 5
4	13 − 6	11 − 8	17 − 2	15 − 4
5	18 − 7	14 − 4	9 − 8	8 − 1
6	17 − 6	12 − 7	14 − 2	15 − 3
7	11 − 6	6 − 5	9 − 3	13 − 1
8	17 − 4	12 − 2	5 − 1	16 − 5

ONE-SHEET-A-DAY MATH DRILLS
GRADE 1 SUBTRACTION - TWO NUMBERS - MONTH 9

	A	B	C	D
1	18 − 2	14 − 5	6 − 1	15 − 3
2	8 − 7	16 − 1	12 − 5	14 − 8
3	15 − 2	13 − 5	6 − 6	8 − 1
4	16 − 4	12 − 3	5 − 2	10 − 5
5	17 − 5	9 − 1	12 − 4	18 − 2
6	13 − 1	15 − 4	7 − 3	5 − 5
7	8 − 2	18 − 4	10 − 1	7 − 5
8	13 − 3	16 − 1	6 − 2	15 − 6

ONE-SHEET-A-DAY MATH DRILLS
GRADE 1 SUBTRACTION - TWO NUMBERS - MONTH 9

	A	B	C	D
1	14 − 5	17 − 7	18 − 8	8 − 4
2	16 − 7	7 − 5	12 − 1	17 − 3
3	10 − 1	11 − 2	7 − 3	5 − 5
4	8 − 7	9 − 1	14 − 4	13 − 8
5	11 − 3	17 − 1	10 − 2	5 − 5
6	13 − 6	11 − 8	17 − 2	15 − 4
7	18 − 7	14 − 4	9 − 8	8 − 1
8	17 − 6	12 − 7	14 − 2	15 − 3

SHEET 8
TIME TAKEN:_____MIN

	A	B	C	D
1	11 − 6	6 − 5	9 − 3	13 − 1
2	17 − 4	12 − 2	5 − 1	16 − 5
3	18 − 2	14 − 5	6 − 1	15 − 3
4	8 − 7	16 − 1	12 − 5	14 − 8
5	15 − 2	13 − 5	6 − 6	8 − 1
6	16 − 4	12 − 3	5 − 2	10 − 5
7	17 − 5	9 − 1	12 − 4	18 − 2
8	13 − 1	15 − 4	7 − 3	5 − 5

ONE-SHEET-A-DAY MATH DRILLS
GRADE 1 SUBTRACTION - TWO NUMBERS - MONTH 9

	A	B	C	D
1	8 − 2	18 − 4	10 − 1	7 − 5
2	13 − 3	16 − 1	6 − 2	15 − 6
3	14 − 5	17 − 7	18 − 8	8 − 4
4	16 − 7	7 − 5	12 − 1	17 − 3
5	10 − 1	11 − 2	7 − 3	5 − 5
6	8 − 7	9 − 1	14 − 4	13 − 8
7	11 − 3	17 − 1	10 − 2	5 − 5
8	13 − 6	11 − 8	17 − 2	15 − 4

	A	B	C	D
1	13 − 5	12 − 3	8 − 7	14 − 4
2	11 − 1	7 − 4	18 − 2	17 − 6
3	10 − 4	8 − 8	14 − 2	13 − 5
4	18 − 2	19 − 1	6 − 4	9 − 5
5	14 − 3	15 − 5	16 − 1	11 − 6
6	13 − 5	5 − 1	9 − 2	7 − 3
7	14 − 5	10 − 7	12 − 6	19 − 9
8	18 − 1	9 − 2	15 − 5	8 − 8

ONE-SHEET-A-DAY MATH DRILLS
GRADE 1 SUBTRACTION - TWO NUMBERS - MONTH 9

	A	B	C	D
1	19 − 1	7 − 2	14 − 7	12 − 3
2	10 − 5	17 − 4	19 − 1	5 − 2
3	18 − 2	9 − 1	17 − 5	7 − 4
4	19 − 8	11 − 1	16 − 9	9 − 3
5	18 − 4	10 − 3	5 − 5	8 − 2
6	9 − 4	12 − 1	19 − 2	17 − 6
7	15 − 1	6 − 4	5 − 2	19 − 5
8	12 − 2	7 − 3	18 − 4	9 − 1

SHEET 12 TIME TAKEN:_____MIN

ONE-SHEET-A-DAY MATH DRILLS
GRADE 1 SUBTRACTION - TWO NUMBERS - MONTH 9

	A	B	C	D
1	6 − 3	17 − 1	10 − 4	13 − 6
2	15 − 2	14 − 6	17 − 3	7 − 5
3	16 − 1	10 − 8	12 − 4	18 − 3
4	11 − 3	6 − 4	19 − 5	7 − 6
5	9 − 4	13 − 2	16 − 9	11 − 8
6	6 − 4	10 − 3	5 − 5	7 − 2
7	8 − 2	12 − 3	18 − 7	19 − 1
8	11 − 5	17 − 6	7 − 3	6 − 1

ONE-SHEET-A-DAY MATH DRILLS
GRADE 1 SUBTRACTION - TWO NUMBERS - MONTH 9

	A	B	C	D
1	9 − 5	13 − 1	14 − 3	15 − 2
2	18 − 5	12 − 6	13 − 8	19 − 1
3	15 − 2	8 − 7	16 − 3	7 − 6
4	10 − 6	12 − 9	19 − 8	15 − 3
5	8 − 3	5 − 2	12 − 5	17 − 1
6	6 − 4	16 − 2	7 − 1	8 − 5
7	14 − 9	10 − 1	13 − 8	18 − 4
8	12 − 2	7 − 1	17 − 5	9 − 4

ONE-SHEET-A-DAY MATH DRILLS
GRADE 1 SUBTRACTION - TWO NUMBERS - MONTH 9

	A	B	C	D
1	19 − 3	11 − 4	16 − 1	5 − 5
2	17 − 4	6 − 1	9 − 2	12 − 6
3	15 − 1	5 − 4	6 − 2	17 − 5
4	12 − 2	7 − 3	18 − 4	9 − 1
5	6 − 3	17 − 1	10 − 4	13 − 6
6	15 − 2	14 − 6	17 − 3	7 − 5
7	16 − 1	10 − 8	12 − 4	18 − 3
8	11 − 3	6 − 4	19 − 5	7 − 6

ONE-SHEET-A-DAY MATH DRILLS
GRADE 1 SUBTRACTION - TWO NUMBERS - MONTH 9

	A	B	C	D
1	9 − 4	13 − 2	16 − 9	11 − 8
2	6 − 4	10 − 3	5 − 5	7 − 2
3	8 − 2	12 − 3	18 − 7	19 − 1
4	11 − 5	17 − 6	7 − 3	6 − 1
5	9 − 5	13 − 1	14 − 3	15 − 2
6	18 − 5	12 − 6	13 − 8	19 − 1
7	15 − 2	8 − 7	16 − 3	7 − 6
8	10 − 6	12 − 9	19 − 8	15 − 3

ONE-SHEET-A-DAY MATH DRILLS
GRADE 1 SUBTRACTION - TWO NUMBERS - MONTH 9

	A	B	C	D
1	8 − 3	5 − 2	12 − 5	17 − 1
2	6 − 4	16 − 2	7 − 1	8 − 5
3	14 − 9	10 − 1	13 − 8	18 − 4
4	12 − 2	7 − 1	17 − 5	9 − 4
5	19 − 3	11 − 4	16 − 1	5 − 5
6	17 − 4	6 − 1	9 − 2	12 − 6
7	15 − 1	5 − 4	6 − 2	17 − 5
8	12 − 2	7 − 3	18 − 4	9 − 1

Universal-Publishers.com - For personal use only.

ONE-SHEET-A-DAY MATH DRILLS
GRADE 1 SUBTRACTION - TWO NUMBERS - MONTH 9

		A	B	C	D
1		6 - 3	17 - 1	10 - 4	13 - 6
2		15 - 2	14 - 6	17 - 3	7 - 5
3		16 - 1	10 - 8	12 - 4	18 - 3
4		11 - 3	6 - 4	19 - 5	7 - 6
5		9 - 4	13 - 2	16 - 9	11 - 8
6		6 - 4	10 - 3	5 - 5	7 - 2
7		8 - 2	12 - 3	18 - 7	19 - 1
8		11 - 5	17 - 6	7 - 3	6 - 1

SHEET 18   TIME TAKEN:_____MIN

ONE-SHEET-A-DAY MATH DRILLS
GRADE 1 SUBTRACTION - TWO NUMBERS - MONTH 9

		A	B	C	D
1		9 - 5	13 - 1	14 - 3	15 - 2
2		18 - 5	12 - 6	13 - 8	19 - 1
3		15 - 2	8 - 7	16 - 3	7 - 6
4		10 - 6	12 - 9	19 - 8	15 - 3
5		8 - 3	5 - 2	12 - 5	17 - 1
6		6 - 4	16 - 2	7 - 1	8 - 5
7		14 - 9	10 - 1	13 - 8	18 - 4
8		12 - 2	7 - 1	17 - 5	9 - 4

ONE-SHEET-A-DAY MATH DRILLS
GRADE 1 SUBTRACTION - TWO NUMBERS - MONTH 9

	A	B	C	D
1	19 − 3	11 − 4	16 − 1	5 − 5
2	17 − 4	6 − 1	9 − 2	12 − 6
3	15 − 1	5 − 4	6 − 2	17 − 5
4	12 − 2	7 − 3	18 − 4	9 − 1
5	6 − 3	17 − 1	10 − 4	13 − 6
6	15 − 2	14 − 6	17 − 3	7 − 5
7	16 − 1	10 − 8	12 − 4	18 − 3
8	11 − 3	6 − 4	19 − 5	7 − 6

SHEET 20

TIME TAKEN:_____MIN

ONE-SHEET-A-DAY MATH DRILLS
GRADE 1 SUBTRACTION - TWO NUMBERS - MONTH 9

SHEET 1	A	B	C	D
1	7	5	14	5
2	10	15	4	9
3	9	10	10	4
4	9	2	11	14
5	9	9	4	0
6	1	8	10	5
7	8	16	8	0
8	7	3	15	11
SHEET 2	A	B	C	D
1	11	10	1	7
2	11	5	12	12
3	5	1	6	12
4	13	10	4	11
5	16	9	5	12
6	1	15	7	6
7	13	8	0	7
8	12	9	3	5
SHEET 3	A	B	C	D
1	12	8	8	16
2	12	11	4	0
3	6	14	9	2
4	10	15	4	9
5	9	10	10	4
6	9	2	11	14
7	9	9	4	0
8	1	8	10	5
SHEET 4	A	B	C	D
1	8	16	8	0
2	7	3	15	11
3	11	10	1	7
4	11	5	12	12
5	5	1	6	12
6	13	10	4	11
7	16	9	5	12
8	1	15	7	6

ONE-SHEET-A-DAY MATH DRILLS
GRADE 1 SUBTRACTION - TWO NUMBERS - MONTH 9

SHEET 5	A	B	C	D
1	13	8	0	7
2	12	9	3	5
3	12	8	8	16
4	12	11	4	0
5	6	14	9	2
6	10	15	4	9
7	9	10	10	4
8	9	2	11	14
SHEET 6	A	B	C	D
1	9	9	4	0
2	1	8	10	5
3	8	16	8	0
4	7	3	15	11
5	11	10	1	7
6	11	5	12	12
7	5	1	6	12
8	13	10	4	11
SHEET 7	A	B	C	D
1	16	9	5	12
2	1	15	7	6
3	13	8	0	7
4	12	9	3	5
5	12	8	8	16
6	12	11	4	0
7	6	14	9	2
8	10	15	4	9
SHEET 8	A	B	C	D
1	9	10	10	4
2	9	2	11	14
3	9	9	4	0
4	1	8	10	5
5	8	16	8	0
6	7	3	15	11
7	11	10	1	7
8	11	5	12	12

ONE-SHEET-A-DAY MATH DRILLS
GRADE 1 SUBTRACTION - TWO NUMBERS - MONTH 9

SHEET 9	A	B	C	D
1	5	1	6	12
2	13	10	4	11
3	16	9	5	12
4	1	15	7	6
5	13	8	0	7
6	12	9	3	5
7	12	8	8	16
8	12	11	4	0
SHEET 10	A	B	C	D
1	6	14	9	2
2	10	15	4	9
3	9	10	10	4
4	9	2	11	14
5	9	9	4	0
6	1	8	10	5
7	8	16	8	0
8	7	3	15	11
SHEET 11	A	B	C	D
1	8	9	1	10
2	10	3	16	11
3	6	0	12	8
4	16	18	2	4
5	11	10	15	5
6	8	4	7	4
7	9	3	6	10
8	17	7	10	0
SHEET 12	A	B	C	D
1	18	5	7	9
2	5	13	18	3
3	16	8	12	3
4	11	10	7	6
5	14	7	0	6
6	5	11	17	11
7	14	2	3	14
8	10	4	14	8

ONE-SHEET-A-DAY MATH DRILLS
GRADE 1 SUBTRACTION - TWO NUMBERS - MONTH 9

SHEET 13	A	B	C	D
1	3	16	6	7
2	13	8	14	2
3	15	2	8	15
4	8	2	14	1
5	5	11	7	3
6	2	7	0	5
7	6	9	11	18
8	6	11	4	5

SHEET 14	A	B	C	D
1	4	12	11	13
2	13	6	5	18
3	13	1	13	1
4	4	3	11	12
5	5	3	7	16
6	2	14	6	3
7	5	9	5	14
8	10	6	12	5

SHEET 15	A	B	C	D
1	16	7	15	0
2	13	5	7	6
3	14	1	4	12
4	10	4	14	8
5	3	16	6	7
6	13	8	14	2
7	15	2	8	15
8	8	2	14	1

SHEET 16	A	B	C	D
1	5	11	7	3
2	2	7	0	5
3	6	9	11	18
4	6	11	4	5
5	4	12	11	13
6	13	6	5	18
7	13	1	13	1
8	4	3	11	12

ANSWER KEY 4

ONE-SHEET-A-DAY MATH DRILLS
GRADE 1 SUBTRACTION - TWO NUMBERS - MONTH 9

SHEET 17	A	B	C	D
1	5	3	7	16
2	2	14	6	3
3	5	9	5	14
4	10	6	12	5
5	16	7	15	0
6	13	5	7	6
7	14	1	4	12
8	10	4	14	8
SHEET 18	A	B	C	D
1	3	16	6	7
2	13	8	14	2
3	15	2	8	15
4	8	2	14	1
5	5	11	7	3
6	2	7	0	5
7	6	9	11	18
8	6	11	4	5
SHEET 19	A	B	C	D
1	4	12	11	13
2	13	6	5	18
3	13	1	13	1
4	4	3	11	12
5	5	3	7	16
6	2	14	6	3
7	5	9	5	14
8	10	6	12	5
SHEET 20	A	B	C	D
1	16	7	15	0
2	13	5	7	6
3	14	1	4	12
4	10	4	14	8
5	3	16	6	7
6	13	8	14	2
7	15	2	8	15
8	8	2	14	1

ONE-SHEET-A-DAY MATH DRILLS
GRADE 1 SUBTRACTION - TWO NUMBERS - MONTH 10

	A	B	C	D
1	5 − 2	4 − 3	16 − 1	6 − 4
2	19 − 6	10 − 4	12 − 5	11 − 7
3	15 − 3	9 − 6	13 − 5	19 − 1
4	7 − 5	6 − 1	8 − 2	17 − 6
5	10 − 1	5 − 3	12 − 2	4 − 4
6	7 − 2	11 − 6	10 − 5	17 − 4
7	15 − 4	5 − 1	9 − 5	16 − 2
8	14 − 4	19 − 3	15 − 8	9 − 2

		A	B	C	D
1		17 - 4	5 - 3	10 - 1	11 - 5
2		9 - 5	16 - 2	8 - 4	10 - 6
3		19 - 2	11 - 6	17 - 4	18 - 3
4		15 - 6	10 - 8	12 - 2	17 - 5
5		16 - 7	19 - 8	10 - 4	9 - 6
6		4 - 4	7 - 2	19 - 3	13 - 1
7		16 - 6	17 - 1	12 - 7	10 - 2
8		14 - 3	5 - 2	8 - 4	15 - 5

ONE-SHEET-A-DAY MATH DRILLS
GRADE 1 SUBTRACTION - TWO NUMBERS - MONTH 10

	A	B	C	D
1	11 − 6	13 − 7	7 − 1	10 − 3
2	4 − 2	19 − 3	15 − 4	5 − 1
3	18 − 3	17 − 4	4 − 2	11 − 1
4	6 − 4	5 − 1	7 − 5	18 − 3
5	4 − 3	11 − 4	19 − 1	5 − 2
6	15 − 2	14 − 4	4 − 3	13 − 1
7	19 − 3	9 − 5	16 − 2	8 − 4
8	4 − 4	12 − 2	15 − 3	19 − 1

ONE-SHEET-A-DAY MATH DRILLS
GRADE 1 SUBTRACTION - TWO NUMBERS - MONTH 10

	A	B	C	D
1	13 − 5	11 − 7	8 − 3	10 − 6
2	12 − 3	17 − 4	4 − 2	19 − 1
3	16 − 5	7 − 4	13 − 3	17 − 6
4	15 − 2	6 − 3	4 − 4	5 − 1
5	10 − 6	15 − 3	17 − 1	7 − 2
6	18 − 5	14 − 7	10 − 4	9 − 1
7	17 − 4	15 − 3	5 − 2	4 − 1
8	6 − 4	7 − 6	18 − 1	16 − 5

SHEET 4 TIME TAKEN:_____MIN

	A	B	C	D
1	9 - 3	4 - 4	11 - 1	19 - 2
2	15 - 2	14 - 4	5 - 3	4 - 1
3	19 - 3	9 - 5	16 - 2	8 - 4
4	4 - 4	12 - 2	15 - 3	19 - 1
5	13 - 5	11 - 7	8 - 3	10 - 6
6	12 - 3	17 - 4	4 - 2	19 - 1
7	16 - 5	7 - 4	13 - 3	17 - 6
8	15 - 2	6 - 3	4 - 4	5 - 1

ONE-SHEET-A-DAY MATH DRILLS
GRADE 1 SUBTRACTION - TWO NUMBERS - MONTH 10

	A	B	C	D
1	10 − 6	15 − 3	17 − 1	7 − 2
2	18 − 5	14 − 7	10 − 4	9 − 1
3	17 − 4	15 − 3	5 − 2	4 − 1
4	6 − 4	7 − 6	18 − 1	16 − 5
5	9 − 3	4 − 4	11 − 1	19 − 2
6	15 − 2	14 − 4	5 − 3	4 − 1
7	19 − 3	9 − 5	16 − 2	8 − 4
8	4 − 4	12 − 2	15 − 3	19 − 1

SHEET 6 TIME TAKEN:_____MIN

ONE-SHEET-A-DAY MATH DRILLS
GRADE 1 SUBTRACTION - TWO NUMBERS - MONTH 10

	A	B	C	D
1	13 − 5	11 − 7	8 − 3	10 − 6
2	12 − 3	17 − 4	4 − 2	19 − 1
3	16 − 5	7 − 4	13 − 3	17 − 6
4	15 − 2	6 − 3	4 − 4	5 − 1
5	10 − 6	15 − 3	17 − 1	7 − 2
6	18 − 5	14 − 7	10 − 4	9 − 1
7	17 − 4	15 − 3	5 − 2	4 − 1
8	6 − 4	7 − 6	18 − 1	16 − 5

ONE-SHEET-A-DAY MATH DRILLS
GRADE 1 SUBTRACTION - TWO NUMBERS - MONTH 10

	A	B	C	D
1	9 - 3	4 - 4	11 - 1	19 - 2
2	15 - 2	14 - 4	5 - 3	4 - 1
3	19 - 3	9 - 5	16 - 2	8 - 4
4	4 - 4	12 - 2	15 - 3	19 - 1
5	13 - 5	11 - 7	8 - 3	10 - 6
6	12 - 3	17 - 4	4 - 2	19 - 1
7	16 - 5	7 - 4	13 - 3	17 - 6
8	15 - 2	6 - 3	4 - 4	5 - 1

ONE-SHEET-A-DAY MATH DRILLS
GRADE 1 SUBTRACTION - TWO NUMBERS - MONTH 10

	A	B	C	D
1	10 - 6	15 - 3	17 - 1	7 - 2
2	18 - 5	14 - 7	10 - 4	9 - 1
3	17 - 4	15 - 3	5 - 2	4 - 1
4	6 - 4	7 - 6	18 - 1	16 - 5
5	9 - 3	4 - 4	11 - 1	19 - 2
6	15 - 2	14 - 4	5 - 3	4 - 1
7	19 - 3	9 - 5	16 - 2	8 - 4
8	4 - 4	12 - 2	15 - 3	19 - 1

Universal-Publishers.com - For personal use only.

ONE-SHEET-A-DAY MATH DRILLS
GRADE 1 SUBTRACTION - TWO NUMBERS - MONTH 10

	A	B	C	D
1	13 − 5	11 − 7	8 − 3	10 − 6
2	12 − 3	17 − 4	4 − 2	19 − 1
3	16 − 5	7 − 4	13 − 3	17 − 6
4	15 − 2	6 − 3	4 − 4	5 − 1
5	10 − 6	15 − 3	17 − 1	7 − 2
6	18 − 5	14 − 7	10 − 4	9 − 1
7	17 − 4	15 − 3	5 − 2	4 − 1
8	6 − 4	7 − 6	18 − 1	16 − 5

ONE-SHEET-A-DAY MATH DRILLS
GRADE 1 SUBTRACTION - TWO NUMBERS - MONTH 10

	A	B	C	D
1	16 − 7	15 − 5	11 − 9	17 − 6
2	14 − 3	10 − 4	6 − 5	5 − 2
3	7 − 2	11 − 4	15 − 5	6 − 1
4	8 − 3	14 − 1	4 − 4	10 − 2
5	15 − 5	17 − 4	5 − 2	8 − 1
6	12 − 4	19 − 7	10 − 1	7 − 5
7	17 − 4	16 − 5	9 − 6	19 − 1
8	7 − 6	6 − 2	8 − 3	15 − 1

ONE-SHEET-A-DAY MATH DRILLS
GRADE 1 SUBTRACTION - TWO NUMBERS - MONTH 10

	A	B	C	D
1	13 − 1	17 − 5	10 − 2	5 − 4
2	9 − 3	4 − 2	8 − 1	16 − 4
3	12 − 3	15 − 4	6 − 1	5 − 2
4	9 − 3	14 − 2	11 − 6	7 − 7
5	15 − 4	10 − 2	6 − 5	12 − 6
6	9 − 1	5 − 5	13 − 4	16 − 3
7	6 − 6	12 − 1	11 − 4	18 − 5
8	5 − 1	14 − 3	19 − 5	13 − 4

	A	B	C	D
1	7 − 5	9 − 6	11 − 1	6 − 4
2	14 − 3	5 − 4	9 − 5	13 − 2
3	7 − 2	6 − 4	10 − 5	11 − 1
4	8 − 3	14 − 1	4 − 4	10 − 2
5	15 − 5	17 − 4	5 − 2	8 − 1
6	12 − 4	19 − 7	10 − 1	7 − 5
7	17 − 4	16 − 5	9 − 6	19 − 1
8	7 − 6	6 − 2	8 − 3	15 − 1

ONE-SHEET-A-DAY MATH DRILLS
GRADE 1 SUBTRACTION - TWO NUMBERS - MONTH 10

	A	B	C	D
1	13 - 1	17 - 5	10 - 2	5 - 4
2	9 - 3	4 - 2	8 - 1	16 - 4
3	12 - 3	15 - 4	6 - 1	5 - 2
4	9 - 3	14 - 2	11 - 6	7 - 7
5	15 - 4	10 - 2	6 - 5	12 - 6
6	9 - 1	5 - 5	13 - 4	16 - 3
7	6 - 6	12 - 1	11 - 4	18 - 5
8	5 - 1	14 - 3	19 - 5	13 - 4

SHEET 14   TIME TAKEN:_____MIN

		A	B	C	D
1		7 − 5	9 − 6	11 − 1	6 − 4
2		14 − 3	5 − 4	9 − 5	13 − 2
3		7 − 2	6 − 4	10 − 5	11 − 1
4		8 − 3	14 − 1	4 − 4	10 − 2
5		15 − 5	17 − 4	5 − 2	8 − 1
6		12 − 4	19 − 7	10 − 1	7 − 5
7		17 − 4	16 − 5	9 − 6	19 − 1
8		7 − 6	6 − 2	8 − 3	15 − 1

ONE-SHEET-A-DAY MATH DRILLS
GRADE 1 SUBTRACTION - TWO NUMBERS - MONTH 10

	A	B	C	D
1	13 − 1	17 − 5	10 − 2	5 − 4
2	9 − 3	4 − 2	8 − 1	16 − 4
3	12 − 3	15 − 4	6 − 1	5 − 2
4	9 − 3	14 − 2	11 − 6	7 − 7
5	15 − 4	10 − 2	6 − 5	12 − 6
6	9 − 1	5 − 5	13 − 4	16 − 3
7	6 − 6	12 − 1	11 − 4	18 − 5
8	5 − 1	14 − 3	19 − 5	13 − 4

ONE-SHEET-A-DAY MATH DRILLS
GRADE 1 SUBTRACTION - TWO NUMBERS - MONTH 10

	A	B	C	D
1	7 − 5	9 − 6	11 − 1	6 − 4
2	14 − 3	5 − 4	9 − 5	13 − 2
3	7 − 2	6 − 4	10 − 5	11 − 1
4	8 − 3	14 − 1	4 − 4	10 − 2
5	15 − 5	17 − 4	5 − 2	8 − 1
6	12 − 4	19 − 7	10 − 1	7 − 5
7	17 − 4	16 − 5	9 − 6	19 − 1
8	7 − 6	6 − 2	8 − 3	15 − 1

ONE-SHEET-A-DAY MATH DRILLS
GRADE 1 SUBTRACTION - TWO NUMBERS - MONTH 10

	A	B	C	D
1	13 − 1	17 − 5	10 − 2	5 − 4
2	9 − 3	4 − 2	8 − 1	16 − 4
3	12 − 3	15 − 4	6 − 1	5 − 2
4	9 − 3	14 − 2	11 − 6	7 − 7
5	15 − 4	10 − 2	6 − 5	12 − 6
6	9 − 1	5 − 5	13 − 4	16 − 3
7	6 − 6	12 − 1	11 − 4	18 − 5
8	5 − 1	14 − 3	19 − 5	13 − 4

ONE-SHEET-A-DAY MATH DRILLS
GRADE 1 SUBTRACTION - TWO NUMBERS - MONTH 10

	A	B	C	D
1	7 − 5	9 − 6	11 − 1	6 − 4
2	14 − 3	5 − 4	9 − 5	13 − 2
3	7 − 2	6 − 4	10 − 5	11 − 1
4	8 − 3	14 − 1	4 − 4	10 − 2
5	15 − 5	17 − 4	5 − 2	8 − 1
6	12 − 4	19 − 7	10 − 1	7 − 5
7	17 − 4	16 − 5	9 − 6	19 − 1
8	7 − 6	6 − 2	8 − 3	15 − 1

ONE-SHEET-A-DAY MATH DRILLS
GRADE 1 SUBTRACTION - TWO NUMBERS - MONTH 10

	A	B	C	D
1	13 − 1	17 − 5	10 − 2	5 − 4
2	9 − 3	4 − 2	8 − 1	16 − 4
3	12 − 3	15 − 4	6 − 1	5 − 2
4	9 − 3	14 − 2	11 − 6	7 − 7
5	15 − 4	10 − 2	6 − 5	12 − 6
6	9 − 1	5 − 5	13 − 4	16 − 3
7	6 − 6	12 − 1	11 − 4	18 − 5
8	5 − 1	14 − 3	19 − 5	13 − 4

ONE-SHEET-A-DAY MATH DRILLS
GRADE 1 SUBTRACTION - TWO NUMBERS - MONTH 10

SHEET 1	A	B	C	D
1	3	1	15	2
2	13	6	7	4
3	12	3	8	18
4	2	5	6	11
5	9	2	10	0
6	5	5	5	13
7	11	4	4	14
8	10	16	7	7
SHEET 2	A	B	C	D
1	13	2	9	6
2	4	14	4	4
3	17	5	13	15
4	9	2	10	12
5	9	11	6	3
6	0	5	16	12
7	10	16	5	8
8	11	3	4	10
SHEET 3	A	B	C	D
1	5	6	6	7
2	2	16	11	4
3	15	13	2	10
4	2	4	2	15
5	1	7	18	3
6	13	10	1	12
7	16	4	14	4
8	0	10	12	18
SHEET 4	A	B	C	D
1	8	4	5	4
2	9	13	2	18
3	11	3	10	11
4	13	3	0	4
5	4	12	16	5
6	13	7	6	8
7	13	12	3	3
8	2	1	17	11

ONE-SHEET-A-DAY MATH DRILLS
GRADE 1 SUBTRACTION - TWO NUMBERS - MONTH 10

SHEET 5	A	B	C	D
1	6	0	10	17
2	13	10	2	3
3	16	4	14	4
4	0	10	12	18
5	8	4	5	4
6	9	13	2	18
7	11	3	10	11
8	13	3	0	4
SHEET 6	A	B	C	D
1	4	12	16	5
2	13	7	6	8
3	13	12	3	3
4	2	1	17	11
5	6	0	10	17
6	13	10	2	3
7	16	4	14	4
8	0	10	12	18
SHEET 7	A	B	C	D
1	8	4	5	4
2	9	13	2	18
3	11	3	10	11
4	13	3	0	4
5	4	12	16	5
6	13	7	6	8
7	13	12	3	3
8	2	1	17	11
SHEET 8	A	B	C	D
1	6	0	10	17
2	13	10	2	3
3	16	4	14	4
4	0	10	12	18
5	8	4	5	4
6	9	13	2	18
7	11	3	10	11
8	13	3	0	4

ONE-SHEET-A-DAY MATH DRILLS
GRADE 1 SUBTRACTION - TWO NUMBERS - MONTH 10

SHEET 9	A	B	C	D
1	4	12	16	5
2	13	7	6	8
3	13	12	3	3
4	2	1	17	11
5	6	0	10	17
6	13	10	2	3
7	16	4	14	4
8	0	10	12	18
SHEET 10	A	B	C	D
1	8	4	5	4
2	9	13	2	18
3	11	3	10	11
4	13	3	0	4
5	4	12	16	5
6	13	7	6	8
7	13	12	3	3
8	2	1	17	11
SHEET 11	A	B	C	D
1	9	10	2	11
2	11	6	1	3
3	5	7	10	5
4	5	13	0	8
5	10	13	3	7
6	8	12	9	2
7	13	11	3	18
8	1	4	5	14
SHEET 12	A	B	C	D
1	12	12	8	1
2	6	2	7	12
3	9	11	5	3
4	6	12	5	0
5	11	8	1	6
6	8	0	9	13
7	0	11	7	13
8	4	11	14	9

ONE-SHEET-A-DAY MATH DRILLS
GRADE 1 SUBTRACTION - TWO NUMBERS - MONTH 10

SHEET 13	A	B	C	D
1	2	3	10	2
2	11	1	4	11
3	5	2	5	10
4	5	13	0	8
5	10	13	3	7
6	8	12	9	2
7	13	11	3	18
8	1	4	5	14
SHEET 14	A	B	C	D
1	12	12	8	1
2	6	2	7	12
3	9	11	5	3
4	6	12	5	0
5	11	8	1	6
6	8	0	9	13
7	0	11	7	13
8	4	11	14	9
SHEET 15	A	B	C	D
1	2	3	10	2
2	11	1	4	11
3	5	2	5	10
4	5	13	0	8
5	10	13	3	7
6	8	12	9	2
7	13	11	3	18
8	1	4	5	14
SHEET 16	A	B	C	D
1	12	12	8	1
2	6	2	7	12
3	9	11	5	3
4	6	12	5	0
5	11	8	1	6
6	8	0	9	13
7	0	11	7	13
8	4	11	14	9

ANSWER KEY 4

ONE-SHEET-A-DAY MATH DRILLS
GRADE 1 SUBTRACTION - TWO NUMBERS - MONTH 10

SHEET 17	A	B	C	D
1	2	3	10	2
2	11	1	4	11
3	5	2	5	10
4	5	13	0	8
5	10	13	3	7
6	8	12	9	2
7	13	11	3	18
8	1	4	5	14
SHEET 18	A	B	C	D
1	12	12	8	1
2	6	2	7	12
3	9	11	5	3
4	6	12	5	0
5	11	8	1	6
6	8	0	9	13
7	0	11	7	13
8	4	11	14	9
SHEET 19	A	B	C	D
1	2	3	10	2
2	11	1	4	11
3	5	2	5	10
4	5	13	0	8
5	10	13	3	7
6	8	12	9	2
7	13	11	3	18
8	1	4	5	14
SHEET 20	A	B	C	D
1	12	12	8	1
2	6	2	7	12
3	9	11	5	3
4	6	12	5	0
5	11	8	1	6
6	8	0	9	13
7	0	11	7	13
8	4	11	14	9

ONE-SHEET-A-DAY MATH DRILLS
GRADE 1 SUBTRACTION - TWO NUMBERS, TWO DIGITS - SUPPLIMENTARY

	A	B	C	D
1	26 − 16	25 − 14	22 − 17	28 − 19
2	24 − 12	20 − 15	16 − 13	15 − 14
3	27 − 10	26 − 11	17 − 13	24 − 14
4	25 − 13	16 − 12	19 − 16	22 − 10
5	21 − 16	25 − 15	28 − 12	29 − 14
6	22 − 15	27 − 13	26 − 10	18 − 17
7	17 − 14	15 − 13	19 − 15	25 − 11
8	29 − 14	27 − 13	16 − 12	15 − 11

ONE-SHEET-A-DAY MATH DRILLS
GRADE 1 SUBTRACTION - TWO NUMBERS, TWO DIGITS - SUPPLIMENTARY

	A	B	C	D
1	21 - 17	26 - 12	17 - 13	20 - 14
2	24 - 11	21 - 12	30 - 16	17 - 15
3	27 - 15	16 - 13	18 - 10	15 - 14
4	20 - 17	19 - 12	30 - 14	18 - 16
5	24 - 14	17 - 11	25 - 10	30 - 15
6	18 - 10	22 - 13	23 - 14	26 - 16
7	17 - 12	15 - 13	24 - 11	25 - 10
8	19 - 12	16 - 11	21 - 15	18 - 16

ONE-SHEET-A-DAY MATH DRILLS
GRADE 1 SUBTRACTION - TWO NUMBERS, TWO DIGITS - SUPPLIMENTARY

	A	B	C	D
1	20 − 16	23 − 12	17 − 10	21 − 15
2	26 − 14	30 − 19	23 − 12	29 − 15
3	19 − 15	17 − 17	22 − 10	21 − 13
4	20 − 10	27 − 16	30 − 19	22 − 15
5	26 − 15	16 − 13	18 − 11	15 − 14
6	17 − 14	22 − 10	23 − 17	24 − 16
7	28 − 19	25 − 16	22 − 15	26 − 13
8	16 − 15	24 − 12	15 − 13	19 − 14

ONE-SHEET-A-DAY MATH DRILLS
GRADE 1 SUBTRACTION - TWO NUMBERS, TWO DIGITS - SUPPLIMENTARY

	A	B	C	D
1	27 − 10	26 − 11	17 − 13	24 − 14
2	25 − 13	16 − 12	19 − 16	22 − 10
3	21 − 16	25 − 15	28 − 12	29 − 14
4	22 − 15	27 − 13	26 − 10	18 − 17
5	17 − 14	15 − 13	19 − 15	25 − 11
6	29 − 14	27 − 13	16 − 12	15 − 11
7	21 − 17	26 − 12	17 − 13	20 − 14
8	24 − 11	21 − 12	30 − 16	17 − 15

TIME TAKEN:_____MIN

ONE-SHEET-A-DAY MATH DRILLS
GRADE 1 SUBTRACTION - TWO NUMBERS, TWO DIGITS - SUPPLIMENTARY

	A	B	C	D
1	27 − 15	16 − 13	18 − 10	15 − 14
2	20 − 17	19 − 12	30 − 14	18 − 16
3	24 − 14	17 − 11	25 − 10	30 − 15
4	18 − 10	22 − 13	23 − 14	26 − 16
5	17 − 12	15 − 13	24 − 11	25 − 10
6	19 − 12	16 − 11	21 − 15	18 − 16
7	20 − 16	23 − 12	17 − 10	21 − 15
8	26 − 14	30 − 19	23 − 12	29 − 15

ONE-SHEET-A-DAY MATH DRILLS
GRADE 1 SUBTRACTION - TWO NUMBERS, TWO DIGITS - SUPPLIMENTARY

	A	B	C	D
1	19 − 15	17 − 17	22 − 10	21 − 13
2	20 − 10	27 − 16	30 − 19	22 − 15
3	26 − 15	16 − 13	18 − 11	15 − 14
4	17 − 14	22 − 10	23 − 17	24 − 16
5	28 − 19	25 − 16	22 − 15	26 − 13
6	16 − 15	24 − 12	15 − 13	19 − 14
7	27 − 10	26 − 11	17 − 13	24 − 14
8	25 − 13	16 − 12	19 − 16	22 − 10

SHEET 32 TIME TAKEN:_____MIN

ONE-SHEET-A-DAY MATH DRILLS
GRADE 1 SUBTRACTION - TWO NUMBERS, TWO DIGITS - SUPPLIMENTARY

	A	B	C	D
1	21 − 16	25 − 15	28 − 12	29 − 14
2	22 − 15	27 − 13	26 − 10	18 − 17
3	17 − 14	15 − 13	19 − 15	25 − 11
4	29 − 14	27 − 13	16 − 12	15 − 11
5	21 − 17	26 − 12	17 − 13	20 − 14
6	24 − 11	21 − 12	30 − 16	17 − 15
7	27 − 15	16 − 13	18 − 10	15 − 14
8	20 − 17	19 − 12	30 − 14	18 − 16

ONE-SHEET-A-DAY MATH DRILLS
GRADE 1 SUBTRACTION - TWO NUMBERS, TWO DIGITS - SUPPLIMENTARY

	A	B	C	D
1	24 − 14	17 − 11	25 − 10	30 − 15
2	18 − 10	22 − 13	23 − 14	26 − 16
3	17 − 12	15 − 13	24 − 11	25 − 10
4	19 − 12	16 − 11	21 − 15	18 − 16
5	20 − 16	23 − 12	17 − 10	21 − 15
6	26 − 14	30 − 19	23 − 12	29 − 15
7	19 − 15	17 − 17	22 − 10	21 − 13
8	20 − 10	27 − 16	30 − 19	22 − 15

SHEET 34 TIME TAKEN:_____MIN

	A	B	C	D
1	26 − 15	16 − 13	18 − 11	15 − 14
2	17 − 14	22 − 10	23 − 17	24 − 16
3	28 − 19	25 − 16	22 − 15	26 − 13
4	16 − 15	24 − 12	15 − 13	19 − 14
5	27 − 10	26 − 11	17 − 13	24 − 14
6	25 − 13	16 − 12	19 − 16	22 − 10
7	21 − 16	25 − 15	28 − 12	29 − 14
8	22 − 15	27 − 13	26 − 10	18 − 17

ONE-SHEET-A-DAY MATH DRILLS
GRADE 1 SUBTRACTION - TWO NUMBERS, TWO DIGITS - SUPPLIMENTARY

	A	B	C	D
1	17 - 14	15 - 13	19 - 15	25 - 11
2	29 - 14	27 - 13	16 - 12	15 - 11
3	21 - 17	26 - 12	17 - 13	20 - 14
4	24 - 11	21 - 12	30 - 16	17 - 15
5	27 - 15	16 - 13	18 - 10	15 - 14
6	20 - 17	19 - 12	30 - 14	18 - 16
7	24 - 14	17 - 11	25 - 10	30 - 15
8	18 - 10	22 - 13	23 - 14	26 - 16

ONE-SHEET-A-DAY MATH DRILLS
GRADE 1 SUBTRACTION - TWO NUMBERS, TWO DIGITS - SUPPLIMENTARY

SHEET 1	A	B	C	D
1	10	11	5	9
2	12	5	3	1
3	17	15	4	10
4	12	4	3	12
5	5	10	16	15
6	7	14	16	1
7	3	2	4	14
8	15	14	4	4
SHEET 2	A	B	C	D
1	4	14	4	6
2	13	9	14	2
3	12	3	8	1
4	3	7	16	2
5	10	6	15	15
6	8	9	9	10
7	5	2	13	15
8	7	5	6	2
SHEET 3	A	B	C	D
1	4	11	7	6
2	12	11	11	14
3	4	0	12	8
4	10	11	11	7
5	11	3	7	1
6	3	12	6	8
7	9	9	7	13
8	1	12	2	5
SHEET 4	A	B	C	D
1	17	15	4	10
2	12	4	3	12
3	5	10	16	15
4	7	14	16	1
5	3	2	4	14
6	15	14	4	4
7	4	14	4	6
8	13	9	14	2

ONE-SHEET-A-DAY MATH DRILLS
GRADE 1 SUBTRACTION - TWO NUMBERS, TWO DIGITS - SUPPLIMENTARY

SHEET 5	A	B	C	D
1	12	3	8	1
2	3	7	16	2
3	10	6	15	15
4	8	9	9	10
5	5	2	13	15
6	7	5	6	2
7	4	11	7	6
8	12	11	11	14
SHEET 6	A	B	C	D
1	4	0	12	8
2	10	11	11	7
3	11	3	7	1
4	3	12	6	8
5	9	9	7	13
6	1	12	2	5
7	17	15	4	10
8	12	4	3	12
SHEET 7	A	B	C	D
1	5	10	16	15
2	7	14	16	1
3	3	2	4	14
4	15	14	4	4
5	4	14	4	6
6	13	9	14	2
7	12	3	8	1
8	3	7	16	2
SHEET 8	A	B	C	D
1	10	6	15	15
2	8	9	9	10
3	5	2	13	15
4	7	5	6	2
5	4	11	7	6
6	12	11	11	14
7	4	0	12	8
8	10	11	11	7

ANSWER KEY 2

ONE-SHEET-A-DAY MATH DRILLS
GRADE 1 SUBTRACTION - TWO NUMBERS, TWO DIGITS - SUPPLIMENTARY

SHEET 9	A	B	C	D
1	11	3	7	1
2	3	12	6	8
3	9	9	7	13
4	1	12	2	5
5	17	15	4	10
6	12	4	3	12
7	5	10	16	15
8	7	14	16	1
SHEET 10	A	B	C	D
1	3	2	4	14
2	15	14	4	4
3	4	14	4	6
4	13	9	14	2
5	12	3	8	1
6	3	7	16	2
7	10	6	15	15
8	8	9	9	10

Made in the USA
Middletown, DE
09 July 2022

68908123R00157